張彭春清華日記

（1925）

The Tsing Hua Diaries of Chang Peng-chun, 1925

民國日記｜總序

呂芳上

民國歷史文化學社社長

　　人是歷史的主體，人性是歷史的內涵。「人事有代謝，往來成古今」（孟浩然），瞭解活生生的「人」，才較能掌握歷史的真相；愈是貼近「人性」的思考，才愈能體會歷史的本質。近代歷史的特色之一是資料閎富而駁雜，由當事人主導、製作而形成的資料，以自傳、回憶錄、口述訪問、函札及日記最為重要，其中日記的完成最即時，描述較能顯現內在的幽微，最受史家重視。

　　日記本是個人記述每天所見聞、所感思、所作為有選擇的紀錄，雖不必能反映史事整體或各個部分的所有細節，但可以掌握史實發展的一定脈絡。尤其個人日記一方面透露個人單獨親歷之事，補足歷史原貌的闕漏；一方面個人隨時勢變化呈現出不同的心路歷程，對同一史事發為不同的看法和感受，往往會豐富了歷史內容。

　　中國從宋代以後，開始有更多的讀書人有寫日記的習慣，到近代更是蔚然成風，於是利用日記史料作歷

史研究成了近代史學的一大特色。本來不同的史料，各有不同的性質，日記記述形式不一，有的像流水帳，有的生動引人。日記的共同主要特質是自我（self）與私密（privacy），史家是史事的「局外人」，不只注意史實的追尋，更有興趣瞭解歷史如何被體驗和講述，這時對「局內人」所思、所行的掌握和體會，日記便成了十分關鍵的材料。傾聽歷史的聲音，重要的是能聽到「原音」，而非「變音」，日記應屬原音，故價值高。1970年代，在後現代理論影響下，檢驗史料的潛在偏見，成為時尚。論者以為即使親筆日記、函札，亦不必全屬真實。實者，日記記錄可能有偏差，一來自時代政治與社會的制約和氛圍，有清一代文網太密，使讀書人有口難言，或心中自我約束太過。顏李學派李塨死前日記每月後書寫「小心翼翼，俱以終始」八字，心所謂為危，這樣的日記記錄，難暢所欲言，可以想見。二來自人性的弱點，除了「記主」可能自我「美化拔高」之外，主觀、偏私、急功好利、現實等，有意無心的記述或失實、或迴避，例如「胡適日記」於關鍵時刻，不無避實就虛，語焉不詳之處；「閻錫山日記」滿口禮義道德，使用價值略幾近於零，難免令人失望。三來自旁人過度用心的整理、剪裁、甚至「消音」，如「陳誠日記」、「胡宗南日記」，均不免有斧鑿痕跡，不論立意多麼良善，都會是史學研究上難以彌補的損失。史料之於歷史研究，一如「盡信書不如無書」的話語，對證、勘比是個基本功。或謂使用材料多方查證，有如老吏斷獄、法官斷案，取證求其多，追根究柢求其細，庶幾還原

案貌，以證據下法理註腳，盡力讓歷史真相水落可石出。是故不同史料對同一史事，記述會有異同，同者互證，異者互勘，於是能逼近史實。而勘比、互證之中，以日記比證日記，或以他人日記，證人物所思所行，亦不失為一良法。

從日記的內容、特質看，研究日記的學者鄒振環，曾將日記概分為記事備忘、工作、學術考據、宗教人生、游歷探險、使行、志感抒情、文藝、戰難、科學、家庭婦女、學生、囚亡、外人在華日記等十四種。事實上，多半的日記是複合型的，柳貽徵說：「國史有日歷，私家有日記，一也。日歷詳一國之事，舉其大而略其細；日記則洪纖必包，無定格，而一身、一家、一地、一國之真史具焉，讀之視日歷有味，且有補於史學。」近代人物如胡適、吳宓、顧頡剛的大部頭日記，大約可被歸為「學人日記」，余英時翻讀《顧頡剛日記》後說，藉日記以窺測顧的內心世界，發現其事業心竟在求知慾上，1930 年代後，顧更接近的是流轉於學、政、商三界的「社會活動家」，在謹厚恂恂君子後邊，還擁有激盪以至浪漫的情感世界。於是活生生多面向的人，因此呈現出來，日記的作用可見。

晚清民國，相對於昔時，是日記留存、出版較多的時期，這可能與識字率提升、媒體、出版事業發達相關。過去日記的面世，撰著人多半是時代舞台上的要角，他們的言行、舉動，動見觀瞻，當然不容小覷。但，相對的芸芸眾生，識字或不識字的「小人物」們，在正史中往往是無名英雄，甚至於是「失蹤者」，他們

如何參與近代國家的構建，如何共同締造新社會，不應該被埋沒、被忽略。近代中國中西交會、內外戰事頻仍，傳統走向現代，社會矛盾叢生，如何豐富歷史內涵，需要傾聽社會各階層的「原聲」來補足，更寬闊的歷史視野，需要眾人的紀錄來拓展。開放檔案，公布公家、私人資料，這是近代史學界的迫切期待，也是「民國歷史文化學社」大力倡議出版日記叢書的緣由。

尋訪 1920 年代一位知識分子的足跡
《張彭春清華日記》導讀

呂芳上
中央研究院近代史研究所兼任研究員

一、張彭春和《張彭春清華日記》

歷史不會重演，但歷史可以重建，重建的基礎來自原始、可信的史料。

1928 年 8 月，清華學校改為清華大學（「清華改大」），在此之前有一段醞釀的過程。當時的校長曹雲祥（1881-1937）之外，清華改大的關鍵人物是教務主任張彭春。這套日記正是記錄這段清華校史重要階段的珍貴史料。

張彭春（1892-1957），又名蓬春，字仲述，天津人，是南開大學張伯苓校長令弟，兄弟二人差 16 歲，其父張久庵 59 歲才生彭春，故乳名「五九」，人又稱之為「九爺」、「九先生」。1904 年入嚴修（範孫）、張伯苓創辦的私立中學堂（南開學校前身），與後來擔任過清華校長的金邦正、梅貽琦等，同屬第一屆學生。1910 年，張彭春考取清華第二屆庚款游美資格，與胡適、梅貽琦、竺可楨、趙元任等同榜。旋入美國克拉克大學（Clark University），獲文學士學位。1915 年，獲哥倫比亞大學（Columbia University）文學與教育學

雙碩士學位。次年回國，協助張伯苓拓展南開學校校務。1919 年，再赴美入哥倫比亞大學，在學期間，曾任哥倫比亞大學中國教育研究會會長，1922 年取得博士學位，他的博士論文是〈從教育入手使中國現代化〉（Education for Modernization in China）。這一年下半年，應中華教育改進社之邀，前往歐洲考察各國教育制度，回國後先到南開，1923 年 5 月起，由津赴京，出任清華學校教務長，直到 1926 年 2 月初辭職。其後任南開中學主任、南開大學教授。1929 年三度赴美講學，抗戰爆發返國，從事國民外交，擔任第一屆國民參政會參政員。1940 年起，先後出任國民政府駐土耳其、智利公使、中國駐聯合國經濟及社會理事會代表、聯合國安全理事會中國代表。1948 年任聯合國人權委員會副主席，參與起草「世界人權宣言」，1957 年在美病逝。綜合張彭春一生事業放在三個領域：一由教育促成中國走向現代化，特別注意大學與中學教育的研究與革新；二對話劇、京劇藝術的推展；三是外交活動。這一套日記對第一、二項均有涉及，不只可看到張彭春個人活動紀錄，更可以看到 1920 年代，一個轉型時代，新知識分子改造社會的動向。

《張彭春清華日記》，原藏美國哈佛大學哈燕社漢和圖書館（Chinese-Japanese Library, Harvard-Yenching Institute at Harvard University），即後來一般人習稱的「哈佛燕京圖書館」。依印記，入館典藏時間是 1965 年 1 月，應是張彭春過世後數年間的事。日記以毛筆書寫，分別使用過商務印書館「記事珠」、南開學校

日記、清華學堂及清華學校稿紙。原分裝 29 冊，每冊約 50 頁，後合訂為三冊共 803 頁。日記原名「日程草案」，起於 1923 年 1 月 30 日，止於 1925 年 12 月 31 日，時值張彭春 31 至 33 歲時。此一日記並不完整，甚至大量亡佚，例如 1923 年 5 月 20 日至同一年 6 月 25 日、1924 年 3 月 1 日至 1925 年 2 月 18 日，資料全都散失，無可彌補，終是史學研究憾事。

張彭春日記，原名「日程草案」，他自己說：「每早第一件事：計畫本日事程，『日記』不記已過的事，『日程草案』是計畫未來的事的。」（1923.1.31《張彭春清華日記》）事實上，日記中固然充滿許多未來行事想法，但也不乏過往行事的反省與檢討。他的日記除了記錄很多諸如南開、清華學校發展的公事，個人私事，甚至心事，一樣占有很大的份量，日記中用「B」或「五哥」稱呼其兄張伯苓，以「W」作妻子（蔡秀珠）的代號，內容有很多發牢騷或自嘆之語。1923 年 7 月 16 日有這樣的記述：「我的性情向來不能以厚意聯絡人。我自己好靜，好自己思考，不能作政治的活動。見人多，說些無味的客套話，我就不耐煩了。論到作領袖，我不能與人接近，作自然的友伴。有人一定想我遠而冷，多批評，好懷疑。群眾式的領袖，我沒有這樣才。我的態度容易讓人覺著我驕傲。這亦是我的大病之一，『傲』！」冷傲，很可能是他事業成敗的關鍵，清華校長職位擦身而過，因素之一，正是他給人孤傲印象。張彭春也有傳統讀書人記日記的習慣，過段日子會重讀舊日記，其用心是在自省、自惕，求道德、修養的

增進，這時期的知識分子是新亦舊。

　　學界較早利用張彭春日記作為史料而有相當成果的是中央研究院近代史研究所的蘇雲峰教授，他的大學研究名著《從清華學堂到清華大學，1911-1929》[1] 討論「清華改大」的過程，基本上是以此日記作為關鍵史料，的確提供了過去清華校史中的若干闕漏，足見此一日記的重要性。

二、「清華改大」的醞釀

　　張彭春的清華日記雖僅有為數兩年多的殘缺紀錄，除了有關張彭春早期在清華活動資料外，同時反映不少1920年代教育界、知識界活動的重要訊息。

　　張彭春出身美國知名的哥倫比亞大學師範學院，前半生以教育推動中國走向現代化為使命，他自己說：「教育事業是擇定的！」「我的事業是『誠意為青年，產出新國家，新文化』。這是我的宗教」（1923.12.27、1923.11.15《張彭春清華日記》）。自1916年到1938年，他不是在清華，便是在南開擔任教育行政或教授職務。1923年到1926年在清華任教務主管時，正逢學校轉型，角色突出。他對1920年代的清華有相當的認識：他說清華在北京有較多知名學者，有好的圖書館，校園好、空氣新鮮，這些是優點；錢多是優點也是弱點；缺乏切磋精神，離中國生活實狀過遠，

1　蘇雲峰，《從清華學堂到清華大學，1911-1929》（北京：生活·讀書·新知三聯書店，2001）。

有階級社會的臭味則是弱點。（1923.3.23《張彭春清華日記》）在「大學熱」當兒，張彭春認為「清華改大」十分迫切，辦「大學部」以便在地為中國造人才，避免學校永遠只是留美的預備學校、待候出洋性質，因此這是通地氣的對症下藥之方。為此，他提出具體的清華教改方針：（一）辦學校與派留美，分清為兩項事業；（二）學校變大〔學〕校，課程純依中國情形規定，不為預備出洋所影響。（三）派留學應公開考試，清華大學畢業生與其他大學畢業生有同等報名投考的權利。（1923.4.9《張彭春清華日記》）同年五月，張彭春到清華，七月初就任教務長，與梅貽琦商定邀莊澤宣、戴志騫、Heinz 等九人組織課程委員會，開始作清華改造事業。他很想在中國傳統文化教育基礎上「作一個真中國的新教育試驗。使他能合『新的所以新』與『舊的所以舊』在一起，產出一種新教育制度來。」（1923.10.7《張彭春清華日記》）

張彭春深切知道改革清華並不容易，一開始就「三面受敵」，並碰到「六大難關」。他說以敵視眼光看他的，指學生、校長和教員；所謂六大難關除了上述的校長、校內學生、校外畢業生、教師外，他憂心董事部（會）改組案、財政問題、邀名學者來校助陣問題無法解決。（1923.11.28、1923.11.25《張彭春清華日記》）當時校長是曹雲祥（任期自1922 年 4 月至 1928 年 1月），雖屬「外交系」人馬，對張彭春的改革事業還算

支持。[2] 倒是董事會由外交部主導，又因庚款得仰仗美
國勢力的鼻息，被視為學校改革的絆腳石；清華學生、
畢業生和教職員結合外力，涉及已有受益者及權力、利
權的重分配，會形成改革阻力也是事實。張彭春的策略
是改革放緩腳步、各事開誠布公，倒也算是平穩想法。
不過，他又節外生枝，認為清華待遇太優沃，要為清華
教職員「減肥」，並由自我「減薪」作示範，事涉既得
利益者，牽動人性弱點，徒陷清華教改困境。

　　張彭春在清華教務主任任內，的確沒能完成改革校
務心願，例如他主張清華董事會改組，因政局變動如走
馬燈，北京政府高層無暇及此，主其事的外交部，不願
權益外移，更不會主動計及「政治的歸政治、教育的
歸教育」，看來只有再待一場政治大變動，才能實現。
到1928年，羅家倫的清華改隸，似乎就顯得十分順理
成章了。屬外交系的校長曹雲祥是政治官僚，其志不在
教育，北京政府一有風吹草動，他就難安其位，因而
1924、1925年間，風傳曹校長要追隨顧維鈞、追隨顏
惠慶赴英、出國任外交官、調外交部高陞的說法，不絕
於耳，於是繼長有望的張彭春，也左右搖擺，陷入幫
派競逐的漩渦，加上教育界外來黨系攪局，至1926年
初，人不和、事不順，希望破滅，心灰意冷，終致辭去
清華職務，打道回南開。

　　事實上，張在清華任上兩年多，的確也為清華轉型

2　參見蘇雲峰，〈曹雲祥：清華改制升大和教授治校的奠基者〉，
　《近代中國歷史人物論文集》（台北：中央研究院近代史研究所，
　1993），頁563-579。

的醞釀做了基礎工作,例如清華大學組織大綱、清華大
學課程大綱、清華研究院草案,均是他主動擬就的。在
1925 年 2 月,清華校務改組,張彭春綜理全校的教務
長職務被撤廢,改為「研究院」、「專門科」、「普通
科」三主任制,張彭春出任教務主任,自視為在清華教
改事業的一大挫折。10 月 7 日的日記中,他氣憤不平
的說:「改造清華的思想大半出於我。因為文字不便,
都讓別人用為己有去了。所謂研究院、專門科草案都是
我擬的。現在用我意思的人,一點也不承認誰是產生他
們的!人情如此,已是可氣。再不用文字發表出來,那
就要被氣悶死!」清華大學研究院於 1925 年 9 月 9 日
正式成立,即後來習稱的「清華國學院」,首位主任是
吳宓,這時專門科主任是莊澤宣,與張彭春鼎足而三,
三主任的權力過去是由教務長張彭春統包的,如今被削
權只管普通科,不無悵然。

三、「教育政治」:1920 年代的學界派系管窺

政界有派系,人所週知,學術界、教育界也有派
系,常成興風作浪的勢力,姑名之曰「教育政治」。
1920 年代學界掀波的由來與力量,在張彭春日記中可
得一二。

1923 年,張彭春到北京清華園的目的,是想在清
華產出新大學、新精神,以推動「新君子教育」,好好
培育年輕一代新中國領袖人才。(1923.10.2、1925.5.28
《張彭春清華日記》)理想可謂遠大,但無風不起浪,
風從那裡來?張彭春致力清華改制過程,草擬改大的章

程、計劃改組董事會、規劃大學與出洋學生分立諸事，
無不涉及複雜的經費分配和盤根錯結人事問題。清華靠
庚款，錢多，人多覬覦，這就應該是第一陣「風」。
1925 年 8 月 31 日，張彭春日記說：「清華經費充足。
薪金比其他學校都大，並每月必可拿到。住處的舒服是
全國無雙的。那裡有這樣的田園、林沼、泉水、洋房？
如此好環境，如何別人不窺視，不妒嫉，不設法攻擊、
批評、拆毀？」從這兒出發，他想到要公平、正義，具
體的作法是教職員減薪、改組作人傀儡的董事會、清華
學生不再獨享公費出洋等，無不與個人利益攸關，派系
成形，改革阻力隨之而至。

　　和錢相關的是「權」（位置），這是第二陣「風」。
這緣於清華隸屬外交部管轄，1920 年前後北洋政局如
走馬燈，外長或內閣總理一有變動，往往使清華校長
難安其位，1924 年後屬外交部系統的曹雲祥校長即如
此。[3] 雖然張彭春屢屢撇清無代理或接任校長意願，但
日記又每每透露他的權力慾望。於是個人布局、友人附
和，「對立者」成形，黨系影子遂告浮現。

　　在這些背景下，日記中呈顯了學界這樣的派系
圖景：
（1）東南集團。有東南色彩之郭秉文、黃炎培（日記
中以「鄭」代二人），其後加上陶行知，他們的平民教

3　民初清華校長的替換頻繁：唐國安 1912.10-1913.3，周詒春
　　1913.10-1918.2，趙國材 1918.2-1918.7，張煜全 1918.7-1920.1，
　　嚴鶴齡 1920.2-1920.8，金邦正 1920.9-1922.4，曹雲祥 1922.4-
　　1928.1，溫應星 1928.4-1928.6，羅家倫 1928.8-1930.5。參考蘇雲
　　峰，《從清華學堂到清華大學，1911-1929》，頁 58。

育促進會，或中華教育改進社，被看成南方「教育」勢力，想染指清華。張彭春鄙視他們是搞教育行政，苟苟蠅營於權力之爭者，並直接指斥郭、黃、陶為「教育督軍」、「小教育政客」，背後有美國勢力作靠山。（1923.8.10《張彭春清華日記》）

（2）主導董事會的「外交系」。北京政府外交部官僚為主，原以聖約翰大學畢業之外交官為多，也與美國關係密切，[4] 他們控制學校撥款、影響校長任命。張彭春知道「『外交系』不願舍開管轄權！不要作夢！在『外交系』下弄幾年舒服飯吃倒可以辦到，想要根本改造是萬萬不能的！」（1923.12.10《張彭春清華日記》）張彭春本來的改組董事會想法是將原有董事會一分為三（分基金、大學及選派留美董事會），削減其權限。本來以外交部掌理教育，外行人管教育，違反常理，被視為改革對象，外交部因此與教育部甚至學界產生對立是自然的事。[5] 不過、曹雲祥校長則圓滑，表面附和改組，實際列屬外交系。[6]

（3）北京派。在北京除了外交部外，在學界還有兩批人馬對清華校務有意見，一是被看成學界「搗亂分子」

4　「外部有外交、政治的關係，美國公使及外交部的員吏都要有分；外交上，政府裡有變更，漸漸的要影響到學校。」（1923.7.18《張彭春清華日記》）

5　「曹說董事會改組不肯加入教育家，他們怕教育界把權奪了去！這清清楚楚是一些膽小人的動作！自己知道地位不牢靠，所以怕加入內行人。這樣的董事會配掌學校大權嗎？」（1923.12.12《張彭春清華日記》）

6　「曹是官僚，長於數衍。校內取有飯大家吃的政策，各方面都不得罪。」（1925.11.18《張彭春清華日記》）

的留法李石曾派，因他們仇視美國留學生，接近俄赤、
控制法俄庚款，與軍人馮（玉祥）互相勾結，自會對清
華辦校有敵意。與張彭春走得較近的北京知識人是胡
（適）、丁（文江）、梁（啟超）等人，他們屬正人
君子，但顯然又比較沒計畫，不生作用。[7]北京大學也
有些人想著清華優厚地盤，被張彭春視作威脅的，除
已在清華的王文顯之外，還有蔡、莊、陳、鮑等人。
（1924.2.26《張彭春清華日記》）除了清華校內的《清
華週刊》外，北京知識分子、美國人往往比較善於利用
中英文媒體炒作議題，也很能影響校內外氣氛。[8]

（4）「清華人」與「天津派」。在校務改革過程中，
在校內也不免有人拉幫結黨或生隙樹敵，張彭春很了
解，內外夾攻下，改革匪易，「因為大家把持權利；學
生是為出洋去的，不得出洋，必生反動。好教員不願在
清華長留。想吃『肥差』倒是不難，一想改進，必先打
破舊習，政府必須有人主持，外交部特別信任，不然，
動必無效。」（1923.4.12《張彭春清華日記》）在校學
生如出國想望幻滅，必造成不滿，而早期清華畢業返國
留學生，即日記中指稱的「清華人」，更不免企求回校
占地盤，一旦不成，不免心生怨望，成為改革阻力。他
舉出「莊、張、錢、李、陳、朱、葉、吳、蔡、朱、趙

7　「如胡、丁、梁，對于學問藝術都能提倡；然而他們都是很深的
　　紳士習慣，自以為有才，而與民眾不接近。手段上清潔些，然而
　　具體的計畫是沒有的。他們多受英美學說的影響。」（1925.8.31
　　《張彭春清華日記》）

8　在日記中提及的有《北京導報》（*Peking Leader*）、《晨報》、《世
　　界日報》、《京報副刊》、《猛進》。

等——這都不過是先鋒，大隊在後面！」[9]他把這一批人與「外交系」同歸為清華改造的不合作者，他預言清華終歸「清華人」之手。最初到清華一起共事的，有幾位來自天津南開的，如余上沅、梅月涵、莊澤宣、戴志騫等人，被歸為「天津系」，在清華一如曹校長會議上所指稱：「你們南開！」（1924.2.26《張彭春清華日記》）清華的「南開幫」，似乎令人側目。這也正是張彭春在校務改革中，最不願看到這種有「黨系之爭」的標籤。[10]既使如此，張彭春個人在清華確有南開味兒，只要看日記中的記載「本著南開的精神在清華奮鬥」、「清華有清華的使命，與南開不同，應相輔而不應相爭。」（1925.4.9、1925.4.10《張彭春清華日記》）等種種用語即可知內情並不單純。

四、富清華・窮南開：張氏兄弟與北方兩高校

1916年8月，張彭春回國後，出任南開學校專門部主任兼代校長，1919年受其兄張伯苓之命任南開大學籌備主任，主持制定大學計畫書、擬訂校章、組織招生，9月25日，南開大學正式開學。被張伯苓尊為「南

9　他接著說：「學校發展必須加入。加進的十之八九是清華新畢業生。所謂新畢業生的，就是曾受過清華園毒環境在三年以至八年之久的！……八年清華，五年美國——回國來還想望著清華園！這個人怕是陰謀有餘，而真膽量就有限了！」（1925.12.20《張彭春清華日記》）

10　「自己的黨見深，所以猜疑人也有黨見！如果黨見不應有，要先從自己改。如果黨見是不可免或是不易免，就應互相容忍。」（1925.4.11《張彭春清華日記》）同年6月9日的日記又說：「幾個天津系把持！不容真有學問的人，也不容約翰的人！如果這樣的話傳出去，於學校同我個人的名譽上都不利。」

開校父」的嚴修，辦教育主張講中學以通經致用、講西學以強國富民，強調德、智、體、美四育並進，注重人格修養及新校風的建立，後來天津八里台南開的特色在此，也深刻影響張氏兄弟南開、清華辦校的作為。1910年，梁啟超曾寄望私立的南開大學，不只是私立大學之母，且為全國大學之母，[11] 後來張伯苓把南開辦得有聲有色，寫下中國近代高教史難能可貴的一頁。張伯苓的辦學能力，深受肯定，也教他弟弟刮目相看。因張彭春在南開、清華兩校的經歷，使他的日記內容同時可成為兩所名校的珍貴校史資料。

從日記中體會，清華時期的張彭春，一直有濃濃的南開情結。1925 年 4 月初，南開與北師大足球賽、棒球賽，南開輸了，「看足球比賽時不免有偏向南開的表現。這種心理也很有趣。南開勝像於我有榮耀似的！」（1925.4.9《張彭春清華日記》）過幾天，「南開棒球又失敗，其實與我無關，我覺著像我自己失敗似的！這就是太有成見的明證。」（1925.4.11《張彭春清華日記》）張彭春「人在清華、心在南開」，明顯的第一個例子，是在清華的事業遇著不順遂，便自誡別以南開為退路的打算，[12] 這正是心中有所盤算的暗

---

11 〈梁任公先生在本校大學部開學時之演說〉，《南開雙周》，期 13（1921）。引自姚崧瑗，〈張伯苓與哥倫比亞大學〉，李又寧主編，《華族與哥倫比亞大學》，冊 4（紐約：天外出版社，2010），頁 199。

12 「不要看南開當作奶媽，外面遇見困難風波，就想跑回奶媽懷中哭一場！不依靠南開！……如果稍有拙折，就回南開請教成法；看見大波濤在前面，就想捨去職守，回到老家裡去躲避，那算有什麼本領？回到南開，誰還尊敬你？B 看你不過是一個落伍者！」

示。第二個例子是他常述說張伯苓主持窮而有義的南開種種，很不願看到富而驕的清華。

清末民初，在中國要朝自主經營、自負盈虧、自我發展的方式辦理私立學校，相當不容易。富清華、窮南開，兩相對照，更見明顯。1920 年代初期，正當北京政府鬧窮，國立各大學教師領不到薪水，聯合起來形成索薪潮時，清華靠美國庚款，待遇高、發薪穩定、住宿及校園條件好，十分令人眼紅。據日記推估，張彭春任清華教務主任月薪約四百元，一般教授約三百左右，比起其他學校高三分之一或四分之一。[13] 錢多，貪錢，張彭春認為會上下交征利，不是辦教育的好事，故計劃由自我減薪作起。相對的，認為他五哥（張伯苓）辦南開，特別值得表揚。張彭春指出像南開局面小又窮的私立學校，能辦得起來，靠嚴修的德望之外，便是張伯苓具有過人的毅力、計畫和用人的本事，尤其是籌款，張校長極有弄錢本領，會募款，幾乎成了「損錢奴」。（1925.7.4《張彭春清華日記》）張伯苓辦的南開中學，被公認是全國最好的學校，後來私人自辦的南開大學成績也不遜於國立大學，張彭春的看法是他五哥很「會用人」。1920 年代，張伯苓延聘了大批美國留學生任教，陣容相當堅強，但由於教員待遇難與國立大學比

（1923.12.30《張彭春清華日記》）。

13 據蘇雲峰的分析，清華 1910-1920 年代，學校經費比其他國立大學多 4-5 倍，懸殊對比，很難不令他校嫉妒。蘇雲峰，《從清華學堂到清華大學，1911-1929》，頁 98-101。

肩，流動性大，演成「勤換主義」；[14]但職員不同，「南開職員代表學校精神。在南開職員長——有自開辦來沒有更動的。」（1925.6.27《張彭春清華日記》）職員人數不多，薪水一律不高（待遇不過四、五十元）。校長用特別方法造成團體精神，使他們能吃苦、能犧牲、能百折不回，「覺著在南開作事特別痛快」。他們所長的是「誠」、「忠」，所以南開精神全寄託在「職員」身上。張伯苓這種窮學校的領導統御方法，跟清華不同，難怪張彭春兩相比較，感觸良多。

五、結語

　　「日記」雖屬個人、私家，甚至是片面的文獻，但它是原始可受參照、公評的重要歷史紀錄。張彭春日記雖只有三年不足的記載，但從他的「心曲」可看到人性，從他的「閱歷」可見到世態。他雖受西方教育，但不失中國知識分子傳統，時時自檢、自省，以傲、怠、偽、貪自惕，以溫、良、恭、儉、讓自期；他有意清華校長，自歎中文不行不足服人，為此，他尊崇梁啟超、推尊胡適之、交好徐志摩，狠下功夫，苦學國學。只是生性內向，患得患失，卻又自傲傲人。在性格上多疑且自我矛盾，內心常有「二我」的衝突，[15]常公開批

14　這個詞來自張彭春日記，1925 年 6 月 27 日；當時南開大學教師陣容強，參見何廉，《何廉回憶錄》（北京：中國文史出版社，1988），頁 36-65。

15　張彭春自己解釋「二我」：「二我：（甲）注重別人對我的意見，喜居高位；懶於更新，求眼前安逸，謀別人物質上的供給。（乙）有創造的野心，想走別人看不到或不肯走的道路；求精神上的懂，不顧人物質上的要求，努力求個人的真理。二我不停的

人，接著反悔，很想當校長，又擔心條件不夠，難得
人緣，於是退回斗室，以教育為職業、以藝術為志業
自許。[16] 從這樣一位自稱「粗笨北人」[17] 的言行看來，
五四時期的新知識分子是有相當過渡色彩，不是那般的
激進和反傳統。

　　在教育這一塊，張彭春真的想以南開和清華這兩
塊基地，作中國中等和高等教育的研究和試驗地，目
的在促進中國的現代化，他1920年代所作所為，正符
合當時「新教育革命」的呼聲，他的日記印證了時代
的潮流。

　　其實，張彭春在藝術面也有相當表現，他是中國近
代話劇運動的先驅者，據記載，曹禺編劇、周恩來演
戲，均曾師從張彭春。1930年後梅蘭芳劇團在美、蘇
的公演，張彭春還是使京劇走上國際舞台的總導演，故
有「中國戲劇第一導」之稱。[18] 張彭春自己也很以推動
藝術發展自許，他在1923年8月2日說的內行話可以
證明：「藝術大概是容易讓人發狂的：講到藝術的時

相爭：甲告訴乙多加小心，錢和地位在社會上有莫大勢力；沒有
他們，什麼理想都不能實現。以至個人長進也不能得滿足。乙對
甲十分的輕視。說甲短見，只作小組織材本來沒有很大的將來。
在人格上或文藝上求獨到不朽的工作！」（1925.11.14《張彭春清
華日記》）

16 1925年3月24日謂：作學者、行政均非所宜，作美藝相近，但
　工具未備，二、三年內仍以教育為主。

17 「中秋。不免厭煩。文不成文，字不像字！德學都不足為人領
　袖。人造出一種膽小若女子諷刺。我是真怯者？粗笨北人那敢問
　文思！」（1925.10.2《張彭春清華日記》）

18 見龍飛、孔延庚，《張伯苓與張彭春》（天津：南開大學出版社，
　2016），頁187。

候，頭就在雲霧中了！我這幾天因為常談藝術，所以在班上說了許多小器的大話。……真藝術家一定是謙虛沉靜的！藝術不是不可講的，只於不要讓他感動我的氣浮。王爾德的作品，自然是浮的；Pater 的作品，容易使我懶惰；Tagore 容易讓我坐在那裡作夢；讀完了讓我作事的有 Emerson、Nietzsche、Shaw……」。他常在北京看梅蘭芳、楊小樓的戲，也不時在京、津演講中國戲劇，他編過好幾齣中英文白話劇，[19] 自認「劇是我第一個使命，必要發達到最高可能。這是在北京的一個重要理由。」（1925.6.25《張彭春清華日記》）他喜歡與教育界、文學界人士交朋友，因此參加了知識分子組織的中華教育改進社、新月社、現代評論社等社團活動，這些活動在張彭春日記中，多少留下一些足跡。

張彭春在民國歷史上不是很知名的人物，也許可以說是受他哥哥張伯苓校長的「盛名之累」，何況中國大陸於1978 年以前，在南開，連堂堂首任校長張伯苓的名字都不能提，那曾出任國民政府外交官的張彭春，自更默默無聞了。直到1994 年，南開大學出版社才把張彭春列為「南開精英」，距他過世已超過三十年了。

張彭春，是 1920 年代留美返國，服務於清華、南開，以「新教育」推動中國走向現代化知識菁英的代表。這套日記，足作這群知識分子、這個時代的見證。

---

19 張彭春自記編寫過的英文劇本有：Chains（1914）、Intruder（1915）、Awakening（1915冬）、木蘭（1921）；中文說白戲有：一念差（1916 排）、新村正（1918 編）、Chitra（1924 排演）。（1925.6.19《張彭春清華日記》）

編輯凡例

一、《張彭春清華日記》收錄張彭春先生 1923 至 1924
　　年、1925 年之日記。前者收錄 1923 年 1 月 30 日
　　至 1924 年 2 月 29 日之日記，後者收錄 1925 年 2
　　月 19 日至 12 月 31 日之日記，均依原文錄入。

二、日記原稿並非每日記事，未記之日期不另標出。

三、原稿已有標點者予以保留，若無則加具標點。

四、日記原文之錯字、漏字、贅字等均不予更動，異體
　　字、俗寫字一律改為現行字。

五、本書改直排文字為橫排。

目　錄

1925 年

2 月 19 日

三誓：

一、下年一定減薪。

二、只作普通科事，一定不要高位。

三、學生需要人格的榜樣，不能退也不應退。

一九二五，二月十八日後的新態度：

不與人爭權。

克己。

完全不是為傲而如此作。

不猜疑。

以正身主義做事。

自二月十八日起新態度：不與人爭權、減薪。

克己的工夫不能以高傲為動機。自己如此作，因為自認是應當的，絕不想與別人比優劣。

以比優劣作為善的動機不是純潔的。

別人的動機不去猜疑。

自己作人格影響的工夫，別人如何總有明瞭的一天。

時間是最可靠的評判者。

……

不求外援，不怨人不懂。

交友不應有絲毫「有所為。」

交友是應當的，然而不應有絲毫「有所為！」

大膽的作聖賢工夫。

……

讀領袖論。

2 月 20 日

八點起。

讀領袖論。

自擇的犧牲！

I lay down my life, ……

No man taketh it from me,

but I lay it down of myself,

I have power to lay it down. (p. 124.)

2 月 21 日

七點半起。

讀 Brent。

……

昨晚覺悟有人疑我偏袒南開。

對于樓、劉，他們以為我不肯由南開聘來。

……

Dean 將來是互選，或是校長委任？

我有怕失去 Dean 的名稱的念頭嗎？

或是真相信委任制可以有作一番事業的可能？

無論如何，第一任（三年）惟有委任，試驗後再定辦法。

……

有計畫的人都想自己作主。常被眾人縛束，不能有為。

大家不願有人「管」！他們都怕我「專制」！

在我不怕失地位，只怕沒有事作！

然而想作事，自己的預備還很不充足。為人——學問、辦事、待人，都當研究努力。

2 月 23 日

廿一日進城，秀珠住王素意女士處。

參觀燕京女校劉老老的排演。

晚飯 James 請，到新明看楊小樓的連環套和余叔宕的失街亭。

夜宿志摩處。

廿二日早談到擬減薪事，以善養人是作聖人的工夫。

與人談到，必須努力！遇通。

下午回家。

……

早七點廿分起。

看 Brent，又看前兩星期日記。

只作普通科事自己早看到，然而沒有作到！

看到應即能作到！

看到應即能作到！

……

再抄二月十五日的自察：

（一）去年十一月間的攻擊還有再發現的可能！

　　（二）時常不忘，我的中國外國學問實在都沒有根柢。別人會輕笑的！

　　（三）自己的名利心絕對不比別人少！爭權爭利（保守地盤）的動機是常在念頭裡的！

　　（四）常不免用手段！又多疑少容！

　　（五）懶惰、任性！躊躇無決斷！

……

　　朋友的冷淡和猜疑不能怨人。我一方有使人可冷淡可猜疑的地方。

　　獨立力！「人不知而不慍。」

　　犧牲力！「為人謀而不忠乎？」

……

　　志摩臨走我想送他一點川資。

　　除作朋友外，完全無所為！

……

　　就是作普通科的 Dean，也不應患得患失！

　　互選，如可行，於我也無損！

　　完全看破地位，然後才可得作事的自由。

……

　　每早九點到辦公室。

　　從今天起，每早九點到辦公室。

2 月 24 日

　　八點前十分起。

　　看 Brent。

　　到辦公室晚十分！

2 月 25 日

得朋友。

人生的事就是得朋友！

我的態度太窄狹，太苛求，太偏冷！

不能得朋友是當然的！

徐、陳、張、胡、丁、黃都應交。不認有誰看輕或仇視我。在校內，王、曹、王、蔡。也要得他們為朋友。

待人如果根本沒有得朋友的動機，什麼計畫將來必失敗。這是作人的根本問題。所謂以善養人就作得朋友解。……

昨晚進城看 Pekin Players，在 Wagonlit，"The Man of Destiny" 和 "Twelve Pound Look"，演的很好。……

到辦公室晚半點！

2 月 26 日

八點起。

九點到辦公室！

……

少任事！

2 月 27 日

九點起！

……

到清華後無成績！

昨天余說人批評我只是會唱空調！

舊課程沒有大改變！（自來後無成績！）

新課程又巧立名目而無實際的辦法。

聽了後，覺著他的意思是我到清華後毫無成績！如果大家都這樣看，我是不稱職的了！

……

或是因為太驕傲，不給別人相當的承認。

要自知成績有限！不自逞功！

……

教論理班也近於只是空調，沒有實在學問！

學生會看穿！自己也膽寒！

2月28日

八點起。

九點十五分到辦公室。

……

昨天同余、楊、梅，談學校將來用人計畫。

自從聽見余的意見後（來清華後無成績），很覺著無趣！

現在任事也是過多。然而運用機會在自己。如有真本領，不怕事多，不怕沒有辦法，也不怕人批評！

又有心亂的景況！因為真本領不應用！

不應因此而生懼。

為將來大用起見，擇定現在努力的趨向。絕不為一時的小名利而動心！

3 月 1 日

昨天下午進城。為燕京女校排戲事。

夜宿季冲家。

……

昨天在城裡見五哥。

他以為清華太「肥」！將來要受攻擊。

若能得到自己工作的特點，自己可以樂，將來也可有影響。

南開沒有錢，將來發展難，必須得著自己的特色。

有人說，五哥是最有本領的中學校長，作大學有不相宜處。為什麼兄弟不合作？

……

現在自己作工夫的時間都用在計畫和對待人上！在回國兩年內，學問的長進可以說完全沒有！

辦事上，在改進社毫無成績！在清華又要失敗！

將來作什麼好？

在改進社毫無成績，在清華又要失敗！

無論如何，絕不是回南開的時機！

自己長進是必須的，是最要的！不能服人是不能有成的。

在清華能忍三年是最上策。三年之內最要的是自己求長進。

少任事。候機會。不能離此地共事人過遠。在京有這幾年，將來再離開北京也可用這幾年的經驗。

……

今晚又有委員會討論新大學課程。

　　大家不贊成過頭的試驗！這也是自然的。為得大家的合作，不能說太激烈的話。

……

　　也許作教育行政，不是我的職業！

　　然而什麼是？

3月2日

　　九點十五分到辦公室。

　　下午睡兩小時。

　　心神不定！大有怕失敗的將到！

　　我的小器就在這點：有人說好，特別高興。有人批評，就怕起來！（五哥也不喜歡人批評！然而五哥同我都有時好批評人！）

　　一生作人必不能事事都是人說好！

……

　　現在使我怕的是大學普通訓練的課程！

　　高調已經唱過，大家都等你產生出的課程細目；到這個時候，心思枯乾不能產生出什麼新方法！

　　大家必輕笑！將來對我的信心也必大減！

……

　　話說的太空高，實在的本領和經驗不夠用！

　　毛病都在話說的太空高，而實在的本領和經驗不夠用！

……

　　就是失敗，也沒有什麼可怕！

　　生命都是試驗！試了不成功，下次不再走這條路，

有什麼可怕？

怕丟臉！性驕的人如此。

怕苦難！好安逸的人如此。

怕終于無用！沒勇氣的人如此。

性驕，好安逸，沒勇氣！

⋯⋯

看破「不虞之譽，求全之毀」，然後心可安！

⋯⋯

失敗是好教訓！

⋯⋯

不再吃煙。

為消遣近來常吃煙，吃多了有害，不再吃了。

⋯⋯

3 月 3 日

七點半起。

讀 Brent。

"Without a sense of vocation, the burden is all their own, a bit of doubtful experiment, nothing more. Probably more men & women break from unnecessary solicitude than from any other disease to which the ranks of Leaders are subject…… When we are assured that we are called by God to a task and have His interest & supervision, our sole responsibility is to commit ourselves to the activities involved. The ultimate issue is not the worker's concern." (p. 199.)

"He who thinks that he alone is called is a Tyrant of dangerous type! …… The Leader's first duty is to remember that vocation is a universal gift, & it is the part of Leadership to help all who follow to discern & obey their call." (p. 201.)

"His promotion to office never separated him from the crowd, his high consciousness of vocation never led him to depreciate the vocation of the least. He reverenced his followers by helping them to greatness, he elevated his own vocation by recognizing the vocation of others." (p. 207.)

I can of myself do nothing: as I hear, I judge; & my judgment is righteous; because I seek not mine own will, but the will of him that sent me.

……

> 昨夜睡的好，所以今天精神較好。
>
> 今天早有半點鐘靜養，中午又半點。
>
> 每天如此，精神可以稍安。

3月4日

> 七點起。
>
> 在西院山上半點鐘。

……

> 使我心不安的還是大學的課程大綱。
>
> 寫章程是要耐煩的。好空談的人大約都不耐煩！

……

> 研究院已獨立。
>
> 大學普通科課程現在計畫中。本應早已寫好，這是

我不善寫文章的短處。

清華改組只要成功，何必專注意自己工作的一部分。

對于辦理大學的經驗既然很少，惟有專心努力！

專心在大學課程上用力研究，這就是學問。

能力有限，想成功必須專心在一事上！

3 月 5 日

七點半起。

……

不應存事事與人爭勝心。

對我懷疑的人很多。惟有用實在的成績給他們證明我的真價值！

「自反而不縮」！我自己知道我的價值很有限！所以有時覺著膽量不夠大！

對人不作假！

忍耐作長進的工夫！

3 月 6 日

八點起。

到辦公室晚十五分。

昨晚讀吳宓的「我之人生觀」。

現在同他共事，可以知道他為人做事的方法。

他也代表一派思想。

3 月 8 日

昨天進城。看牙醫。拔去後牙一個。（這是拔去的

第二個。）

夜宿焉，別志摩，與人午飯（吃麵，大悲風土！）

志摩明天赴歐。約半年後回國。

⋯⋯

吳宓在他的人生觀文裡有職業與志業之別。

志業是一生希望作的。

人必須有志業。只有，不為牠作工夫，不過空想！

若想在文字上見長，必須早下苦工夫！

朋友的激動是有的。人在那裡望著我的長進如何！

每天必須有一定的功課。

應寫的文字，不要懶。信、講演、公文，都應自己

下手。絕不能依靠助手。

⋯⋯

「語不驚人死不休！」

⋯⋯

看前一星期日記。

上星五，大學課程大綱通過籌備委員會。

將來的實行還是大問題。

人選問題應立刻入手。

⋯⋯

志趣是作聖！「遊於藝」是一部分工夫。

人、家的問題！有時覺著不應敷衍！沒有勇氣！

然而自己有什麼真本領，可以使人常敬，可以供給

人的前程？想到這，又忍下氣來求長進！不應空想！

對於助我長進的環境，我自然應當感激！

將來到了真能助人的時候，對於舊環境也不應

忘恩！

各方的責任都擔得起──那是大丈夫！

3 月 9 日

"Seek for tasks, hard tasks, for the doing of which strength is needed, & in the doing of which strength will come." (Brent, p. 245.)

八點起。

精神又不整！

此地不能失敗！盡力為之。

長進自然也當注意。

3 月 10 日

七點四十分起。

心神不定！

自疑無勇，不能痛快了當！

躊躇還是因為見事不明，不能忍苦。求小安逸，好小名利。清華有好住處，大薪金，尊貴的地位！想離又合不是精神上的勇！有貪安逸，利用人的念頭。

完全為真為神的生活要爽快百倍！

不顧人懂不懂，不因怕獨生而求群，只要得精神的舒暢不怕欠賬！

天天校事敷衍，群居不睦。……這樣一生空過了！

五哥譏我無決斷！

若獨，與南合，也恐不易。

獨是私嗎？私或有小大之別。若群居有利用人意，

豈不是私！

　　分合不應為懂而定。能否有關於懂應完全不稍有
希望！

　　如此方為純淨的，真獨立的！不然又因望而空而
無聊！

……

　　養勇乃第一本務。真勇無望也有望。完全能獨
是勇。

　　獨要工作。為工作而工作！

　　為真為美而工作。

　　眾人毀譽有什麼價值！

……

　　下午。

　　毫無興趣！工作有什麼意義？

　　我自己的沒決定，不能怨人！

　　已有兩天無出品。

　　時光空渡過！

3月11日

　　八點半起。

　　創造新文學——這是我的志業已有近十二年了。

　　然而用力做時很少！

　　感覺時常有，而苦無材料（字不夠用）！

　　完全為真為美，不為肉體的安逸，不為一時人的
說好。

　　這樣的工作，我的根柢不足。

　　教育事是為飯碗，既然吃他，就對他有相當的責任。

　　文藝事是自然喜愛的，自己覺著不佩近文藝。

　　吃教育，不能在他上得著至深的趣味。

　　愛文藝，自己又覺著自信不足，不能立刻捨去一切，為他工作。並且社會的壓力使我專心教育不問文藝。我有時也同他們意見相同！年歲大了，已有的職業不容易得到現在的地位；捨開社會認為是我的責任，而冒險做自己沒有把握，社會不贊成的事，他們要說我瘋了！

　　這樣爭鬥不能給我整靜的精神專心做教育或做文藝。這就可惜了！

　　兩樣都做，可能嗎？

　　文藝是如此相勸。

　　試驗下來，心神不定！

　　不問文藝則已，一有接觸，就被幾天的搖動，於教育事大有妨礙！

　　若捨教育而從事文藝，將來在文藝方面能否有成，完全沒把握。因為完全沒把握，所以特別喚醒我的勇氣！知是一定失敗，所以更要試一試！

　　事事太有把握，生活也甚無趣了！

　　如選定文藝，生命要完全改組。清南群都發生問題！與人也無關的獨自奮鬥！

　　年歲還少！再延遲勇氣更消滅了！

……

　　今天應去跑山。

學校事無聊。

空渡時光，於己無益，於人又何益？

應淡應冷！

然而那真自然，不會永聽話勸！

特別在春天！

一生共有幾個春天！

……

「涼澹之極！」

春來

今天應去跑山，

工作不耐煩！

「應淡應冷」。

無奈那真自然，

不會永聽話的——

特別在春天！

一生共有幾個春天？

3月14日

星期三下午起發燒。星四、五兩天沒起牀。

今天早十一點起。

……

空繞圈子仍須勉強工作！

讀書可以同時下手。校事不多任。

既然一時要壓，所以更可用力！不然，更對不

住人！

目的在得到中文達意工具。

所羨慕人讚美人的，自己努力用功。

求懂不可長，也無聊！

......

美藝大約以不滿足為動機。

慾望都得滿足，定無美藝的可能。

......

前兩天在床上看完 Ludwig Lewisohn's *The Creative Life*。

多日不讀文學書。羨慕他用筆的便利。

......

一腔的熱感覺無法發表為有音節的符號——這是莫大的悲慘！

如何由苦而轉美？

符號是公共的，別人能明瞭的。必須有相當的預備，不然臨時無法表現！

至於用符號的巧拙完全在個人的本領。

有了運用符號的便利後，受大激刺時才可用符號表出不可滿足之慾望。

表現不必一時就成為有組織的作品。如對于工具的練習，多讀書，等也可算表現的方法。

在工具預備期內，不應求成形的作品。

激刺能幫助不改初有的志願，並且鼓勵在工具上用力，也就算有表現的了。

不會走就想跑是人之常情。

在文藝上我初學走步，將來能否跑得動還是很大的

疑問。

在這時期，想捨開教育事業去作文藝，不只是不智，也是大可笑的事！

關上門自己練習。

初學走，走的很不可觀！先關上門自己練習。到能跑的時候再請人看。

如果自己不肯作自己關門練習的功夫，將來一定不會有成。

病在立刻想出峰頭！

我的病在立刻想出峰頭！

推想到這裡，又可靜氣作預備的功夫。

人所讚許的是我的可能，可能不使實現那是最大的恥！

羨慕人的也是在充滿的發展。只求近而不求進必至無聊，必至慚愧，必至悔悟！對人對己都非上策。

這個圈子繞回來了！

真廢力量！廢時光！只要有成績，就不算空廢。

若無成績，圈子又空繞了！

……

寫字。

3 月 15 日

昨天讀完楊振聲的玉君。

寫人寫的不真切。他自己知道玉君恐怕只是皮毛。

寫 Comic Scenes 倒有幾段不錯的。

中國在現在創造力枯乾的時期，只要有人肯用力去

寫就很可讚許。

楊運用文字比我已經高明多了！

……

昨忽悟人早已有群約。善隱不與世知。因一時衝動我不認可能。

已約與已群——好材料。

隱隱不測！勇而無勇！

認已約，以淡自持。

智慧聰敏是音節合諧的惟一根據。

人所希，也只於智慧，不他涉。

由音諧而繞空圈，錯在己。

人自為計。我須專心，使敏感結晶。文字便利必有其時。

……

校事忽略不應當。

3 月 16 日

七點起。

看日記（自一月到現在）。

清楚定意不兼顧藝術，而在兩個半月裡又失敗了四、五次！意志太弱了！

意志太弱！

至前星期日已整四月，可以已矣。

專心校事。完全為事做事。以身作則。

這是很簡單的方略！至少應努力實行兩年。

……

獨立——不被人縛束！

犧牲——忘己為校！

……

校事只要專心用力就有方法。最怕的是心神不安！

……

因為論理班沒有預備功課，又請假一天。

……

從今天起，再看顏、李書。

看習齋言行錄。

「天行健乾乾不息，天之誠也，人能長思敦其敬而無怠惰之念，則幾於誠而同乎天矣。」

「人若外面多一番發露，裡面便少一番著實，見人如不識字人方好。」

3月17日

九點半起，病後第一次到辦公室。

看言行錄，看完理欲第二章。

勇不足！

勇不足或是終身大病！

理真氣壯！

「善惡要知，更要斷。知一善則斷然為之，知一惡則斷然去之，庶乎善日積而惡日遠也。」

3月18日

八點起。

看言行錄一頁。

「齊家要觀一家所受病在何事何人，便當全副精神注此一人一事，竭力做去。正心修身亦然。」

「思誠固是學者切功，然必思此一善，即作此一善乃有益；若只思仁思義，久之，一若思所及便是我已得者，則思亦屬自欺之端矣。」

「君子愛人深惡人淺，愛人長惡人短；小人反是。」

……

自從聽余評我到清華後毫無成績，有時對余不免猜疑。

驕傲不肯自認弱點！

有無成績，將來自然可以看清。

現在最要的不以所有成績都認為我自己的！不虛心，不能得人合作，所以必不能有成！

不伐善，不施勞。

……

下午。

早同曹表辭意。因王自命為總務主任及推廣辦公室。

曹解釋他地位的難處。並沒有堅留。

此地沒有許多人覺著非我不可。只於我自己的驕氣覺非我別人不能辦。

再做下去也是無聊！

若辭去，作何計畫？

回南有多不便。

今早不應露辭意。如有意應想好去路後發表。發表後就要實行出來。

又同余談減薪。又是空談！應自己拿定主意再同人講。

……

小孩們的眼有 Trachoma。醫治也得用錢！

社會是如此組織的，不能一時改變。

無聊萬分！又沒有解決方式！

……

不再與曹談王事。

自己定意過許多次，在此地再等兩年。今早不應一時燥起來。

只因怕難，而不敢去──就更無聊了！

是因怕難而不敢去嗎？

3 月 19 日

八點十分起。

看言行錄一頁。

「遭水患糧絕，喜曰，吾茲為水困乃嘗此味矣。」

「聖人亦人也，其口鼻耳目與人同，惟能立志用功則與人異耳；故聖人是肯做工夫庸人，庸人是不肯做工夫聖人。試觀孔子是何等用功，令人孰肯如此做？」

……

在此地的去留不要只為自己的痛快想，還要為事的將來想。

本來定意無論如何現在不去，昨天同曹、余談又露出去意。

特別對王個人而發，更不應當！

3 月 20 日

八點起。

看言行錄一頁。

「孔子曰，志士不忘在溝壑，勇士不忘喪其元。極天下通苦之境，至喪溝壑止矣；極天下凶殘之禍，至喪其元止矣；人誠了此則無累吾心矣。如曾子三日不火，歌聲如出金石，審知第四日得食乎？即令餓死亦如此矣。」

……

王的爭權的假冒使我心不安！

這種的精神在一個團體裡最易離間，喪失合作的團結。這種精神影響在青年身上，教育還有什麼價值？

然而我處嫌疑的地位。我要自問是否有絲毫嫉妒心、爭權心？

躬自厚而薄責於人！

然而也應見義勇為！

為青年計，為國家前途計，不正的行為都應攻擊。

然而我自己的品行完全無可攻之點嗎？

我能否盡心工作？能否看破名利？

我國文的缺欠是我的弱點！

我攻人的弱點，人一定也攻我的弱點。

我已經對曹及校章委員會發表過我的意見。不想在此地作事則已，如想作事還須能容能忍！

在青年身上的影響是教育的真成績。

……

昨天幾個南開學生來。談到南開前途。他們說理科還可，文商科無大希望。

南開是五哥一手辦起來的。辦了二十年，他也五十歲了。前途的難處很多，錢少人也少！要那樣作才可打出一條新路來？

五哥的勇氣還勃勃。他很自信。學力不足而歷練豐富。

百年後南開教育佔如何地位？

我的能力薄弱，不要自居南開前途非我不可！那就非常小器了！

外面的閱歷甚少。自己的學問可笑。就是現在回南開，至多用處不過在兩三年內的小改組上！先提高自己人品上和學問上的真價格，然後再回南開，那末，用處就不只在兩三年了！

現在既是預備時期，自己成功的標準在長進自己。對人少攻擊，對己多用功。

本分應作的都作到。然後如學風還不能改善，責任就不在我，而在有權者。

……

靜以待時！

自己作自己認為應作的，靜以待時！

……

下午進城。明天或到天津。

3月22日

廿日下午進城。同五哥長談。

廿一日治牙，買東西，看戲。（沒去天津。）

今天到新月社，第一次見張東蓀。

下午回校。

……

五哥說：

南開比較的可以提得起來，有統帥的可能。主要的把握就是校長籌經費的本領。有了錢然後學校才可以維持開門。

在私立學校，校長弄錢的本領是必須有的。

他很鎮靜的往前做去。最後的防禦線還有男中！政府果然不亂，現在的入款可以夠已有的局面用。不圖大發展。學生人數不求多。內容慢慢求改善。學生有怨課程不專的，他說不專出校後倒許容易找事，太專了倒許不容易得實用。平心說，這是一種巧辯！

當時局這樣亂，能保守以待機會是莫好政策。

看著似消極，實是不得已！

物色好教員是當然的。全國好教員很有限。對于課程的組織，他不大注意，以為有好教員課程不用太費力。這也是很對的。

他對于清華大學課程持存疑態度，必須做出來，然後可以知道有沒有成效。他向來不信紙上談兵的。

我對他稍說清華的問題。他像似贊成應忍。

名、利，都看破後，靜以待時。

兩年以內要忍！小不忍則亂大謀。

無論如何是要忍下這兩年的。

減薪或非至上策。我是不貪久的！為事計，減薪的

舉動如何？

雖說忍，千萬不要學滑頭！

人批評凌冰說他以先一點憨氣現在都沒了！

雖忍，在本分內的仍應實事求是！實不能忍時，也不應忍！

兩年內不使別人多注意。「養精蓄銳！」

大謀在將來，不可再疑了！

養精蓄銳。

……

中國向來以社會制裁，對行為自私的人早晚必有公論判斷，以自己一時的感想為評判的根據，本是很險的。我們不信這樣的制裁。我們相信時間久的多數人的自然評判。

所謂移風易俗的工夫是慢的。現代交通快了，無論什麼都要收快效。所以大家都練習以感想作一時批評的歸依。

只要我自己謹慎盡職，不以一時的感想去批評別人的行為，將來自有公論。

這可以算是一種信心！有了這種信心，然後慎獨的工夫自然會跟著來的。

3 月 23 日

八點半起。

看言行錄半頁。

3 月 24 日

九點起！

看言行錄一頁半。

「七十子終身追隨孔子，日學習而終身不足，只為一事不學則一事不能，一理不習則一理不熟。後人為漢儒所誣，從章句上用功；為釋氏所惑，從念頭上課性；此所以紙上之學問易見博洽，心頭之覺悟易見了徹，得一貫之道者接跡，而道亡學喪通二千年成一欺局矣，哀哉！」

……

教育有多大效力？

移風易俗的目的在什麼？工具是什麼？

大學只在制度上設想，是美國的習尚。

有好制度也在誰提倡！

所謂教育是辦教育的教育自己，受教育的教育自己。範圍大概不出此！

……

英文想到創造的程度，不知希臘、拉丁文，又不用英文過每天的生活，恐難有成。

中文想到創造的程度，古書小學都沒有讀過，對于現時的活語言又沒去吸收採擇。

在文字上想不朽——那是容易事？

在教育上最大的實效是產出幾個有為的人才。在區區小巧的制度上用力，沒有什麼成就的！

影響人才，惟一工具是自己的成績，自己的真本領。

在小巧的制度上用力，將來沒有什麼成就！

在制度上得小名無聊的很！

⋯⋯

作學者，不是我性之所近。不能成大業。

作行政，不耐煩，也不知足。常看不起只作行政的人，如鴻聲、知行等。

作美藝，有相近的愛好。工具還不備。社會不認。友家不助。然而違性將來也必無成。

我的職業——至少在二、三年內——是教育。

我的志業是戲劇及他種文字上的發表。

⋯⋯

職業上的本務是必須盡力的。

3 月 25 日

七點半起。

看言行錄一頁。

「學求實得，要性情自慊則心逸而日休，學求名美，便打點他人則心勞而日拙。此關不透，雖自負讀書窮理用功數十年其實謂之一步未進。」

⋯⋯

近兩天從圖書館取出些本書，關於希臘戲劇及哲學書。讀英文書方便。

將來可以教學生歐洲戲劇。若不能產出中國戲劇，只知道些外國的成績有什麼用處！

只會教書，沒有什麼趣味！

不朽程須創造得來。須以個人的真天才得來。

在學生面前吹些空話也枉然！學生將來承認先生與否，全在先生的真成就！

「發奮忘食，樂以忘憂，不知老之將至。」

3 月 27 日

七點一刻起。

西院山上看言行錄一頁。

「養身莫善於習動，夙興夜寐，振起精神，尋事去作，行之有常並不困疲，日益精壯；但說靜息將養，便日就惰弱。故曰君子莊敬日強，安肆日偷。」

「子曰，學如不及，是何等敏皇，何等急切？吾人常把時日潦草過去，何以為學？」

「思名為道學而實騖時文以射名利，吾不敢為也。身承道統而徒事講說以廣徒類，吾不欲為也。躬行之而風俗式範，德至焉而天下雲從，吾養之愛之而不能為也。獨行先王之道，勉遵聖人之法，嚴拒異端而不汙，孤立無徒而不恥，如孟子守先王之道以待後之學者，吾志之學之而未逮也，庶其勉焉！」

……

人之念萌。

校事已不盡心！那應空渡時光？

獨立！知學無成之慚！不繞空圈！

對朱，無事不可對人言。國文不應用，也不能背人的！以誠相待。不貪位，無私心，無私事。

3 月 29 日

昨天進城。

不願人群通，是忌嗎？怕信是私嗎？

所謂不能助人的，是自己沒有真本領，沒有真成績。

忌、私，也應自克。

為人想應尋不朽程。語言空的不能鼓勵。惟有躬行。

無信可保令名！兩年計必須忍的。

群非善策已露言表。應慎言。不再談。

不解惟聽之而已！在我力戒私！

……

人以群通為如願，也無不可。

既群能友，非群還是非通？

見不明，暫不斷。發奮長進！

……

曹來，談 Senior Dean 制度。

量力！

讀書求學的時間必須有的。

長進比現在作事重要的多！

……

人說字稍好些。繼續努力！

公事文字如何入手？不使同事有輕視的可能！

……

「春去」、「春來」。

玫瑰、丁香、碧桃，全白色。

……
戒 Vain！人絕不非我不可！戒幻夢！
不過談談而已！
……
習字。

3 月 30 日
八點起。
看言行錄二頁。
如認社會見解為不對，就應大方公然的行自己的主張。什麼都不背人那才是真勇！
沒有背人的話，沒有背人的事，敢作敢當──那是真勇！
無話背人，無事背人，無念背人，敢作敢當！
慎獨。「十目所視十手所指！」
如懂人是應當的，自然不怕知，如無膽就不應為。
完全公開──大丈夫如此！
助人要公開的助！
想不敢為的事最卑賤人格！
不應為自然也不應想。節省精神，一生才可以不空渡。
不假！

3 月 31 日
八點起。
看言行錄一頁。

昨天得 Stanislavsky - *My Life in Art.* 一天看了全書三分之一。

校事又有忽略的態度。

下年教員支配及教科書應早辦完。

練習意志堅強！將來無論作教育或美藝都必須！當于作此一事時，心想彼一事，一定不能有成！

校事必須作的！不能放肆任性！

如任性怠惰，同事人必輕視，也必致怠惰！

到公事房就先辦公事。公事暇時，再作自己長進功夫。

在公事房只作校事，如文件、課程、教員、學生及論理班事。在家作自己要作的功夫。

這是我向來沒有作到的！非事到臨頭我不去理他！這是小才的態度！

泰翁說他也懶，也健忘，所以我特別羨慕他！

這是弱者所以自釋！

天生如此，也可有法改！

善幻想的人容易比人懶！這也是事實。

然而西方人的敏捷我也應仿效的。

已九點半，快去公事房！

……

意志又失敗！一天在公事房不免看非公事的書。

4 月 2 日

七點起。

昨天今天為中山出殯放假。

昨天同學生進城看中山遺容。

……

看言行錄二頁。

「淫僻之念不作於心，惰逸之態不設於身，暴慢之狀不見於行，鄙悖之氣不出於口，四者吾志之而未能一焉。」

「作事有功快，有功而不居更快；為德見報佳，為德而不見報更佳。」

……

聽說王非總務主任不幹，吳力謀研究院主任，莊也注意由籌備主任而升為專科主任。

本來名利心是人皆有之，也許是嫉妒心使我們不願意別人爭名利！

將來成績（死後人能記你不能的把握）就在你曾作過主任、校長嗎？

制度和組織都是人的影子！

真成績絕不在你的地位。

不費精神和寶貴的時間同人爭位爭權！

自己作長進的功夫。

往深處遠處著眼，用真實功夫──成效是一定可靠的！

校內事聽校長制裁。

兩年必須忍的。以後不能戀位！

兩年應忍，不干涉「不在其位」的政策。

在此時間內自己用「死工夫」。把達意工具預備妥當，勇氣養得可靠，能守定純潔惟一目標作去，不患四十後無成就！

……

現在我國文程度比吳莊太可恥了！

有不如人的地方，絕不應批評人！

……

乘放暇的機會看 S 的自傳。

4月3日

七點半起。

看言行錄半頁。

「人之為學，心中思想，口內談論，儘有百千義理，不如身上行一理之為實也。」

八點半習字。九點到公事房，辦教科書及教員支配事！

4月4日

八點起。

看言行錄一頁。

「人心動物也，習於事則有所寄而不妄動，故吾儒時習力行，皆所以治心；釋氏則寂室靜坐，絕事離群，以求治心，不惟理有所不可，勢亦有所不能，故置數珠以寄念。」

……

因沒有睡好，W 生怒，惟有不理。

脾氣難改！

……

「無智無勇的匹夫！」

……

今天下午赴津。

4月7日

五日在津。

六日回京，下午到家。

新月病，發燒。

……

華北各種球賽在清華。

春假不能外出。

……

四日在四行儲蓄會存了一千元。

第二次作資本家！

4月9日

春假已過去一半。

球戲比賽容易使人偏。

這不過是爭鬥的小者。有勝敗關係的都能使人分黨派。

看足球比賽時不免有偏向南開的表現。

這種心理也很有趣。南開勝像於我有榮耀似的！也許在潛心裡覺著我將來的功作還是在南開？

其實運動上的勝敗與學校的真成績沒有什麼關係。運動上爭勝是從美國學來的習慣。

清華與南開在運動上相爭，像似預指將來在社會上別的事業的爭勝。

然而眼光不要太小了！國家的事非常的多，又何必爭？

在實業、商業、政治上一般留學生的勢力自然比只於本國大學畢業的大的多。

並且南開因為經濟的關係，大學的發展一時不能期望富足。錢不夠要用精神來補助！

用精神也可在實業、商業、政治上造出特殊的人材嗎？

所謂精神的是什麼？

論書本知識，不善長。勇氣，正真可靠，實事求是，能為團體犧牲個人——這些也許是精神！日久天長這些也許可以戰勝留學的機會和經濟充足的設備！

然而又想到爭勝來了！這也許是南開人自大的病！也許是我們弟兄的小器處！

南開是五哥一手創造。我過於偏向，以為我與南開有特別關係也無聊！不要想利用南開！人家已經作好的菜，我染過指以為我就有份——這是很可恥的！

我必須有在南開外的真成功。用獨立成功後的力量再助南開，在人格上可以體面些，在效力上也可以遠久些！

五哥最看不起失敗的人！

兩年必須造出新清華來——必須成功，不能失敗！

清華有很好作事的機會，絕不應輕輕放過。

本著南開的精神在清華奮鬥，可以減少兩方面的狹窄，真給國家造就些有成績的人材！

……

外人如在君能看明我應當自創事業。

春假內要計畫清華下兩年事。見濟之。

清華成功就是個人長進，個人長進也是清華的成功！

辦教育是給全國造人材！那末自然沒有清華和南開的意見。

……

看言行錄二頁。

「今人廢學，只是將道理讓於古人做，不知古人亦人耳，凡古人可行者我亦可行，如一旦奮然自新立志躬行，何道不可能也？」

「或言讀書不能記，先生曰，何必記？讀書以明理，是借書以明吾心之理，非必記其書也。今日一種書之理開吾心，明日一種書之理開吾心，久之吾心之明自見，自能燭照萬理；譬如以糞水培灌花草，久之本枝自生佳花，若以糞水著枝上，不足觀矣。又如以氈、銀磨礱銅鏡，久之本鏡自出光明，若以氈銀著鏡上，反蔽其明矣。」

以讀書比糞水，可見習齋對於讀書的估價！

工夫最要的在久之。

……

習字。

4月10日

六時起。

看言行錄四頁。

「一人昏其德為昏德，眾人昏其德為汙俗，只自明我德便是小學，必並明天下民之德方是大人之學，所以在親之，親之是大學工夫也。明必明到十分不如堯之欽明舜之濬哲不止也還盡力去明，親必親到十分不如堯舜之百姓昭明黎民於變時雍不止也還盡力去親，故曰在止於至善。」

⋯⋯

今早李濟之來，談在清華任職事。

為教育的成功必須得人。自己盡心，然後才可以引人盡心！清華有清華的使命，與南開不同，應相輔而不應相爭。這是莫好的機會，有大志絕不應放過！

清華與南開使命不同，應相輔不應相爭。

4月11日

早六點起。這兩天早晨給明明穿衣服。

今天本想進城，因秀珠病又少一個女僕所以不去。

昨天五哥住在這，長談。

他很望我成功。在清華打出新計畫後可以用力在別的工作上去。我告訴他我現在只作兩年打算。

對于想爭的人取讓的態度。將來他們自己必致相爭。

還是不猜疑人好！不要有成見。

有成見的人一定容易窄、容易小！

　　我對于王、王、蔡、張有成見，並且常猜疑。對於清華的舊精神我也有成見。

　　昨天南開棒球又失敗，其實與我無關，我覺著像我自己失敗似的！這就是太有成見的明證。

　　對于成功失敗看得過重是青年的通病。

　　自己有偏心有黨見，絕不能怪王、蔡也有偏心也有黨見。

　　自己的黨見深，所以猜疑人也有黨見！

　　如果黨見不應有，要先從自己改。如果黨見是不可免或是不易免，就應互相容忍。

……

　　運動的比賽易使人偏，易使人用小術，易使人驕，易使人信僥倖，易使人以運動員的成功為旁觀不用力人的成功。運動的本身是可用的，群眾的旁觀是於道德有害的。將來在學校鼓勵運動，比賽也可有，然而旁觀應認為不道德的！

　　先從自己不去旁觀。

　　「君子無所爭，必也射乎？揖讓而升，下而飲，其爭也君子！」

　　朱註：言君子恭遜不與人爭，惟於射而後有爭，然爭也君子，而非若小人之爭矣。

　　現在的運動比賽也可採用同樣的精神。

　　旁觀的人不鬧，比賽的人總可以冷靜些。

　　由得勝的人提倡很不難作到。

　　這也是採用西洋的方法而以中國精神化之的一個例。

以上是這次看運動而生的感想。也許因為南開大敗而自慰的 Rationalization！若是南開大勝，我也許跟隨群眾去高興去了！

清華罵人是太無禮了！於自己的道德有損。

在我所處的地位，這個話是很難說的。現在忍過去，將來有機會再講。他們如果繼續的鬧，他們裡面一定有人自己也覺著無聊。

吾惟有不理他們，也絕不至於因為這個小事發生什麼大問題。至多同學會和學生的團體結合的稍緊密些，對我或有猜想偏向南開。然而如果我毫無私，毫無假，猜想漸漸也就消滅了。

我在此地完全為事做事，與南開實無半點關係！兩年的計畫作完後，對于清華有相當的貢獻，對于國家爭出一點公平來。在個人方面長進一點國文和寫字的便利。二年能如此也可算一小結束。

……

從昨天讀康有為的廣藝舟雙楫，增一點對于書法的識見。

與五哥談到不朽，我說：覺著行政事無聊，生時謹慎不私不貪，保全令名，然而死後人就忘了！他說：什麼事人都會忘，寫幾本書人也忘！作事時不要太注意，運氣好，也許留下一點人不忘的。然而這也是好名！

……

名真不可靠！後人對于你的估價完全照著他們生活的需要。共認而能延年的傑作比較的可靠些，而天才不

是人人有的！就是傑作作者的本身早已無知覺，後人對
于他無論如何佩服如何恭維，他是一點也不會知道的！
然而努力的動機是什麼？為肉體的溫飽？為生時精神的
安逸？為生時的名譽？（然而很要注意那種譽是可要，
那種是不可要的。）

4 月 12 日

看言行錄二頁。

「或與族人有口隙，謂之曰，族人與吾同祖，正如
吾四肢手足雖有歧形實一體也，一體相戕吾祖宗之神得
無傷乎？彼不知為一體吾知之，彼不暇思祖宗吾思之，
如今碗闊於蔬故盛得蔬，桌大於碗故載得碗。其人大
感，拊心曰，是吾志也。」

……

這次清華對於南開的惡感容易使我猜疑裡面不免有
人播弄。有沒有可以不必細究。

我言語間和在清華新方針裡有於清華舊精神不利的
地方，這是無疑的。他們想我與清華作對，所以用方法
與南開作對，這是或者有之的。

舊清華人怨別人嫉妒。其實無所謂嫉妒。賠款是全
國人民的，絕不能由某一系或清華本校畢業生專利把
持。全國的利益應按最公平的法子支配給全國，絕不容
一小部分人用作黨係的根據地。

當於改造的時候，要特別小心不叫他們有所藉口。

量總要比有私心的人大。我這次在南開與師大比球
時露出偏袒南開，這是一時大不小心！自己退後引罪自

責，這是給王、蔡等很好批評我的機會，也容易引起此地學生對我的惡感。

他們很可以說你既然心在南開，在清華作事一定有成見，於清華精神一定不利。

因為批評清華，得罪的人很多了！仇人過多，將來也難有人合作。

如果在清華不能成功，又給南開造些敵人，過錯全在我身上了！

然而若是我的見地是對的，清華舊精神實在於全國的將來是不利的，我應當繼續奮鬥下去。在態度上手續上要特別小心！

「欲速則不達」。不要過於有成見，無論什麼都是南開的好！清華不能說是全壞。在清華舊生中好的也很不少。南開裡壞的也是很多！

這次怨我自己！

「躬自厚而薄責於人。」

4月13日

昨天進城。午飯南開同學會。下午李岡同周寄梅的長女在歐美同學會結婚。晚同五哥及月涵看戲。

今天上午同夢賚買碑帖四種：

秦會稽刻石

漢張表碑

元趙文敏歸去來辭（以上三種都出自上海藝苑真賞社）

鄧石如桂林紀略

又買藝舟雙楫一冊。

書法很可消遣養性。根柢薄弱，然用力也當有效。

……

與教員學生談話時太少！不免易起誤會。

聽楊說高三級有說我待他們特別難。

多用時間與學生談。

處領袖地位絕不應毫有成見。

多接洽，各方面的真象才可以曉得，然後見事才可稍有把握些。

多接洽。

4 月 14 日

今天因運動得勝放假。

春假不覺著已經過了，不只於毫無成就，又因運動事發生感情上的問題。

應辦事有：

一、讀科學與人生觀（八篇文）。

二、預備論理班材料。

三、答楊振聲謝贈玉君。

四、答王文顯謝贈愛情與婚姻。

五、謝君勱送書。

六、其他信件

……

因為懶於寫信所以得罪了孟和！

……

昨晚看過一遍新買和舊有的碑帖。按時代可以得著

一點派流沿革的意思。所有幾種如下：

　　秦會稽刻石

　　漢張表碑

　　魏張猛龍碑、龍門造像

　　隋董美人誌

　　唐雲麾將軍碑

　　宋西樓帖（蘇）

　　元趙文敏歸去來辭

　　清鄧石如桂林紀略

……

　　現只有九種，康有為說至少也要熟習百種！

　　自己稍有入門後，可以請教任公。

……

　　藝舟雙楫裡分兩段，前半論文，後半論書。

　　文和書正是我現在最感缺欠的！

　　因為文章和寫字都不應用，作事的能力和自信至少減去十分之五！

……

　　道德方面也少經驗，少明見和決斷。

　　患得失，有成見，易疑，易懼！

　　易疑易懼！

……

　　看言行錄三頁。

　　「思周公教法，開而弗達，強而弗抑，古人獎人常過其量，良有深心，吾坐反此，不能成人材又不能容眾，屢自懟恨，不能悛改，即此便是聞不徙不

善不改。」

懟，音 tui，怨恨也。

悛，音詮，改過也。

不能成人材又不能容眾！

「杜益齋規先生三失曰務名曰輕信曰濫交。先生曰，務名之過元不及覺，輕信之過覺不能持，濫交之過則僕苦心也。氣數益薄人才難得，如生三代而思五臣不能借也，生兩漢而求伊萊十亂亦不能借也，居今而求三傑二十八將其將能乎？故才不必德，德不必才，才德俱無一長亦不忍棄。且人各自成，勢難強同！昔蠢人某，惡人也，吾欲治河以救一方，馳寸紙，立集夫五百名赴吾於數里外限時不爽也，脫鄙而遠之，數十鄉為水國矣。」

……

昨同夢賚談時，思如何待遇王、蔡。今得此二節指明道路。

「獎人常過其量。」「人各自成勢難強同。」

對于王、蔡絕不應鄙而遠之！

4 月 15 日

因新月夜裡哭，早八時起。

看言行錄一頁半。

「持其志敬心之學也，無暴其氣敬身之學也。然每神清時行步安重自中規矩，則持志即所以養氣也；每整衣冠端坐則雜念不來神自守舍則無暴即所以持志也。蓋身也心也一也，持也無暴也致一之功也；彼以耳目口鼻

等為六賊，自空其五臟而謂定性明心者，真妄也哉！真
自誣自賊也哉！何聰明者亦為之迷惑不覺也？皆由務虛
好大縱意元遠未實用力於此心此身也。」

……

今天開學，理公事要勤慎明斷！

4月16日

看言行錄二頁。

「剛主問操存，先生曰，予未審孔孟之操存，第予
所得力處只悚提身心四字。問靜中工夫如何著力？曰，
戒慎乎其所不睹，恐懼乎其所不聞，正是著力處。」

……

論理班今天的功課應早預備好！到二小時前還
沒想！

人約，不知如何處之。

居心正，持己誠，不空廢時間去躊躇。定後即行也
無可慮！

4月17日

九時起。又懶！空想妄念！

看言行錄一頁。

「思仰不媿俯不怍，此氣真覺浩然。若陷色惡便為
色害不能浩然矣。陷財惡便為財害，不能浩然矣。陷機
詐殘暴則又害其浩然矣。其直養之要有二：一在平日兢
兢慎獨，一在臨時猛省決斷。」

「不自恕！」

寫過以為作過，——這是以日記自欺的病！

……

今天下午第一次臨時校務會議。大家對我絕沒有到心悅誠服的地步！自己的學問道德實在不足服人！要收斂操存，持其志無暴其氣。安於最低的地位，作最負責的事。

不要寫過就忘。

4 月 19 日

待人接物！

為人謀忠嗎？

用盡心機，也算人已誠。我的真本領在那裡？

怕將來人失望！

不佩人長久恭維。

努力擔任那難的重的——謙虛地，永勤勞地——自己不相信可以能擔的！

懶、怨、自憐、悲傷——都是弱者的態度！

誠而不可制止的大自然，不是一時的，過去後有可貴可久的遺跡。

不為隻小的個人。應有百年千年不朽意義。

結晶的可以為人類尋出新生活的途徑。為小痛快而已，是庸人庸擾！物人，不能認為目的，不過道途上的瓢漿，努力中的鼓勵。認它們為目的，人格力一定頹廢。

……

創造是出產，人生方法上的創造，人格力的創造，

美藝的創造，制度上的創造——都是出產的可能。出產的品格和將來的生命，那就看相關者的品格和生命力。

⋯⋯

作人的導引真不是容易事。

為人想方法必須知人、知己、知世界。

知與不知要分得非常清楚。不然誤人也自誤。能知的就去行。到不知的時候，特別小心待時，明示人自己的無法，給人自擇的隨意。

自知。校事必須成功。戲也須成功！達意工具不備。無大謀的把握！人、精思、文整、有自負、尋前程。

繼學上策，群是不得已，過幾時不遲；也在志向力如何。若以群為職早當然。若以群輔志那就看群後機會如何，也看群外能否繼志。

⋯⋯

「人各自成，勢難強同。」

稍作籌畫則可，然絕不能自任過強！使人自得，是惟一導人的方法。

自造才能助人。取助於人應感激。

大謀是什麼？

最高最美的人格，不朽的作品，時代的前趨，人眾的燈塔！

自己努力。若有成績，再敢語人。及時，不語人也自隨，不去特別計畫，看你的途徑和你的創造，人必能自得。

⋯⋯

約束或快感？

己的貪進或懂的要求？

對少數或多數的負責？

公開或心機？

閒暇或勤勞？

……

物人而生的問題所關最深切。

以往的訓練偏於貪進、約束、多數、公開、勤勞。至少 Rationalization 都本這些高傲的原則。唱的高調也如此。實行適相反的很多。

所謂良心的督責也在此。

現代勇於疑問者指破空虛，然中國情形尚多與近代西方大不相同者。

中國內經濟不獨立，社會組織要求苛嚴。潔必須守。兩制不能一。

多事之秋，無閒暇。快感不是目的，社會的窮變不能期望可靠生活的秩序和滿足。

個人為本漸漸代替家族。

懂不應全制止。然必守定限。

4 月 20 日

藝文，都可羨。己遠不及諸相識。慚必努力。

然藝是惟一最高目的嗎？預備上也太可憐了！

雄心不限于巧！有力能持久，影響深遠。教育是分身法，也是創造。惟必須真有把握，不斷的長進，以身作則，力除空談，不信制度，只信人格感動。

……

情感力有限，不妄廢，能專。

「常使精神餘於事，不使事餘於精神！」

人只求談而已，群是已定的，不可也不應改。群我不信兼可。導人自便。

繼學如不可能，教書非應自我引。責太重。

建設是雄心！不然太可恥！閒暇快感是弱者玩世。多事的亂世那應如此無志？

人助助人都以大謀為止歸。

藝人助，力助人。

給中國造生活新光彩、新深義，使人類增美感。不只現在，將來也有印痕。

不再躊躇，物人意義在此。人我共力豈非真樂？

……

看本冊日記。

自創事業，南外有真成功。無成見，多接洽。

4 月 21 日

小孩們的食睡女僕不能照顧，母不安。

校事待理的也很多。昨天朱摧過，第一次同事說我公事忽略。應感謝！

五個小時公事時間不應辦非校事。

在校已有很多人不服，若再不誠懇地辦校事，更給人攻擊的機會。

享著特別利益，再不作事，無論如何看法都是不應當的！

已有事夠忙了。已經辦得不完善。怎樣敢擔任另外費精神的事？

不能擔任，不該引起希望。自認，早悔。

清華兩年必作完，並須有相當成績。家有責。

妄念躊躇都廢精神。把握在那裡？成功的決心在那裡？

不能專是最大病！必無大成就！

……

晨報副刊上登著熊佛西從紐約來的一封信。余上沅、趙畸、聞一多、瞿世英、梁實秋、顧一樵等組織了一個中華戲劇改進社，並且今年夏天余、趙、聞三君回國來，「先做衝鋒工夫」。他們定志回國後不做官，不做大學教授，「專門幹眾人輕視的戲劇，他們要使戲劇之花開遍於中華大陸。」

余在 Carnegie 專門學校研究了一年，志在舞台監督 Regisseur。

趙從過 Brander Matthews 和 Norman Bel Geddes，並 G 認為最得意的高徒。聞是多才多藝，詩有紅燭集，而且能畫。

熊很熱心宣傳。三君回國後定能給中華戲劇開新紀元。

……

在美留學人中，我對于戲劇的興趣可算是最早。因為不專於一事，所以又要讓別人趕過。

終身無一專長！

將來落得個終身無一專長！

有小聰明而不能專。自己見到，不能做到，而讓別人做到，可恥、可恨！

有小聰明而不專！

什麼是我專一的興趣？辦行政事，或是文藝？

明天已經滿三十三歲了！應當有終身大業了。

現在做著教育行政事而心不能專在此。常常想在文藝上爭榮，自知未必有天才，又有家人生計的責任，現在不得已不做學校事。

當于在此地，公餘可以作些文藝的練習和試驗。慢慢進行。「欲速則不達」。不怕他們在那裡宣傳，如果我有真把握，將來不患沒有久遠的成績。

現在連一個普通信片還寫不通，有什麼臉面來談文藝？別讓人恥笑啦！

人對我一定錯誤了。都是一時口頭上的小巧！什麼妄想都不配有！人比我在文藝工夫上高明的多，通也已有把握。

……

今天下午同高一級談話又說了許多空話，唱了許多高調！

批評清華人看特別利益為當然，與校外接觸太少容易窄。又勸大家注意教育是人與人的關係，師生常作個人的交換經驗。

然而自問在清華我有 Ulterior Motive ！我想享過幾年安逸再另尋別途。我自己的同情最窄！並且我與師生接洽的時間很少！

說些自己不能做到的原則與自己的人格力有損，而

與人的道德更無益！

自己勉勵。

……

英文大學課程大綱已懶了兩天未曾動筆！

明天寫好，請一位改英文。

4 月 23 日

言行錄：

「忘之病每生於無志，助之病每迫於好名。」

4 月 25 日

昨天午飯同座有歐陽予倩。長談上海戲劇情形。有餘暇，游藝易發達。

昨天讀 E. Huntington, *Character of Races*，中國人口過多是各種問題的根本難題。又加以常荒年，窮極就講不起什麼文化道德了！北方的發展是根本方略。清華教育也應以此為重要目的之一。

……

緩進！對於國文先注意。品行能使人心服。

4 月 27 日

星期六學校周年紀念。早進城訪牙醫。下午二至四排「七月七」。晚飯同學會。

昨天進城，下午遊故宮。

……

近幾天心神不整！

看言行錄。

「聰明不足貴，只用工夫人可敬，善言不足憑，只能辦事人可用。」

4月28日

七點半起。

八至八半在西院山上。看言行錄。

心神不安。應辦的事不能去辦。懶成了我的天性。如何心可以整？

怠、傲、偽、貪！

不能怨人。以前如此已多次！

快決斷！心過細，膽就小了。

……

「勉賈易改過曰，吾學無他只遷善改過四字。日日改遷便是工夫，終身改遷便是效驗。世間只一顏子不貳過，我輩不免頻復。雖改了復犯亦無妨，只要常常振刷，真正去改，久之不免懈怠，但一覺察便又整頓。不知古人如何，我是依此做來。」

不振刷是無志！

期速效是好名！

無志，好名。

……

無精力多由於失真。

存真！

因精力不足，易躊躇、懊悔、喪志、無勇、猜疑、不耐煩！

節省精力，可以增長生活的自信和快樂。

少了生活的快樂，那就看什麼事都覺困難，都覺無聊！

抑制是必須的！力足而百難自消。懊悔——自責過度——無益而有害！

力足百難自消。

4 月 29 日

七點前十分起。西院山上看言行錄。

「剛主佐政桐鄉，將往來拜別，先生贈言曰：威儀欲莊整，出語貴開明；取人勿求備，看人勿太刻。存憐天下之心，定獨行不懼之志。事必矯俗則人不親，行少隨俗則品不立，二者善用之其惟君子乎？愛人才所以愛蒼生，矯世儒所以衛聖道，二者交致焉其惟君子乎？剛主拜受。」

「定獨行不懼之志」。

精力有限，兼顧於己無益，於人有害。

「惟精惟一」。

不貪多，少任事或可有成就。下年校事，不濫！

物人是洩，洩必不安。抑制是生路！

適之之失或在不知存真。

西人野，力強。東人弱，省交是經驗得來。不學人皮毛。

4 月 30 日

七至八在西院。看言行錄。

「父母生成我此身原與聖人之體同，天地賦與我此心原與聖人之性同；若自以小人自甘便辜負天地之心父母之心矣。常以大人自命自然有志，自然心活，自然精神起。」

「人須知聖人是我做得，不能作聖，不敢作聖，皆無志也。」

「庸人苦無氣，氣能生志；學者患無志，志能生氣；志氣環相生，孟子志氣之說，真體驗語。」

「學者須振萎惰，破因循，每日有過可改，有善可遷，即成湯日新之學也。」

「張仲誠云，人言堯舜任其自然，非也，堯舜只是終身競業，譬如鳶飛戾天，儻一斂翅，便從雲際墜下。」

⋯⋯

看習齋努力的精神可以激起青年志氣！

⋯⋯

昨天曹先生談到代理校長事。

自己量力！不依靠組織，不怨恨別人的貪愚，也不怕時代艱難，人多地少，天災人惡，衣食不足難講道德。

作聖人不外「反求諸己」，和「知其不可而為」。

「己身正不令而行，己身不正雖令不從」。

自己德學不足，後援和組織皆不足恃！

學無專長。品格不能不固。不能成材亦不能容人。肩重任之前要自問能否成功。年還少，勿求速。

⋯⋯

去年昨日泰谷爾來校。

5月1日

今、明兩天放假。

早七點起。西院看言行錄。

「錢問行禮家人多阻撓，奈何？先生曰，然，予之初行禮也亦然。惟剛毅以持之，講說以曉之，積誠以感之，悠久以化之，自彬彬矣。」

「郝公函問董子正誼明道二句似即謀道不謀食之旨，先生不取何也？曰，世有耕種而不謀收穫者乎？世有荷網持鉤而不計得魚者乎？抑將恭而不望其不侮，寬而不計其得眾乎？這不謀不計兩不字，便是老無釋空之根。惟吾夫子先難後獲、先事後得、敬事後食，三後字無弊。蓋正誼便謀利，明道便計功，是欲速是助長。全不謀利計功，是空寂是腐儒。」

「思君子之心坦蕩則世路無往不寬平，小人之心險窄則無時無地不戚戚。」

「威不足以鎮人而妄夷之，惠不足以感人而妄市之，不智也，禍於是伏焉。仁而得暴仁者必自反也，暴而招暴，又何異焉？恭者來侮恭者必自反也，侮者致侮又何尤焉？」

……

昨天到燕京排演。後遇通。

今天約孟和夫婦、適之、通伯、巽甫來午飯。

5月2日

昨天適之、巽甫、通伯及劉先生來。下午玩牌，曹先生亦同玩。晚長談。

請城裡人來過 weekend，可以於主客都有益。

胡恃才，批評人常以天資鈍三字。他也配服吳用功。吳派的邏輯多演繹式。

……

校裡有人疑我與北大人接近。

又與南開有密切關係。

所以很容易引起清華同學的反對。並且我常有批評清華精神的論調。

同時我的本領和人望都不能使人心服。

妄想校長難免失敗！

退一步，多教書，多用功。只自知才只可做普通科主任。兩年內自己讀書，試一試文字上功夫。

「威不足以鎮人而妄夷之，惠不足以感人而妄市之，不智也，禍於是伏焉。」

……

對於代理事還須仔細考慮。

想同五哥、在君、寄梅、適之談。先要自知，再分析環境。

……

看言行錄。

「教果齋脫俗累，曰：世人之所怒亦怒之，世人之所憂亦憂之，世人之所苦亦苦之，何以言學哉？故君子無累。」

「天無不覆也，吾心有不覆之人則不能法天之高明；地無不載也，吾心有不載之人則不能法地之博厚。」

……

明知 T. L. 用小術反對我。他的用意不外爭地位，曹走後可以做校長，由校長可以入政治或外交。

昨天聽適之說，上次報上載歡迎胡為教務長的消息是 T. L. 送出去的。這亦證明去年匿名信也一定是他寫的。

自從他到校後，各方面都可以看出他的品格和手段。

用人的責任在曹。曹既招來亂份子，現在自己又想離校高就，對於校內致亂的根源他不能不負責。

在曹絕不如此想。他用人本不謹慎。

至於 T. L. 等攻擊我，在我亦實有可攻之弱點，如我的學問不能「中西兼優」，我的態度也太窄狹，天資品德學識都不能使人中心悅而誠服。

……

處這樣環境應如何？

教論理班，辦普通科事還敢自信。完全不貪名也不貪利。不圖做校長一時的榮譽。真做一點「斡旋乾坤利濟蒼生」的事。無欲速，勿忘勿助長！

若曹派別人代理，惟有聽之。我只做能做的事。

然而也不忘「見義勇為」！不只為一己的小安全設想。

……

午飯燕京幾位教員來。下午預備演講。

晚訪全。

明天早晨到碧雲寺講「中國戲劇最近的趨勢」。

明晚本校戲劇社開會。

星一的論理班功課，明天下午預備。

……

我想下星五到天津去談。也許無需。

5 月 3 日

七點半起。

看言行錄。

「人不辦天下事皆可為無弊之論，若身當天下事雖聖人不能保所用之無僉邪。蓋辦事只以得才為主，事成後若彼罪著再為區處而已。」

「思以我易天下不以天下易我，宏也。舉國非之而不搖，天下非之而不搖，毅也。」

「王景萬言看綱目，先生曰：先定志而後看史則日收益矣。如志在治民，凡古大臣之養民教民興利黜害者皆益我者也；志在勘亂，凡古良將之料先策後出奇應變者皆益我者也。志不定則記故採詞徒看無益，猶之四書五經矣。」

5 月 4 日

六點三刻起。七至八西院山上。

思天資本低，不應假冒聰明。

天資本低。

有人天資低然而努力用功，如兩僧。我天資低而自恃小有才，不知用苦功夫，又不免患得失！

……

昨晚同全談。校內有人反對我代理。

不能認私偏都在他方，獨我光明正大！

我不能容眾。學問不足服人。使人生畏而不能使人安。

處這樣環境，先求正己！

正己。

勉強為公不為私。謙和不高傲。勤勞不怠惰。自厚而薄責。安位不貪權。持志不欲速。

已擔任的事必須盡心做到完善。

「剛毅以持之，講說以曉之，積誠以感之，悠久以化之。」

積誠以感之！

……

校長定意不走。

對他又談有人用陰謀。不應怨人。

他批評教員不願近我。冷傲也實在是我的病。大方不理一切謠言和陰謀，不再同曹談人過。

冷傲！不道人短！

性暴！好猜疑！作本分事，不問別人如何看法。

有過不憚改。聞過應喜。

5月5日

七點半起。雨，在室內看言行錄。

「夫子作春秋，思學者無日不作春秋，無念不作春秋。吾身天下也，吾心朝廷也，統四端兼萬仁善之仁天子也。喜怒出處取捨進退動靜之際皆自仁上起念，所謂

禮樂征伐自天子出也。若偏任義禮智則必有過剛過柔過巧之患，所謂自諸侯出也。若血氣用事如以喜怒為取捨之類，則自大夫出也。或任耳目四肢之欲，徒以便不便為喜怒焉，則陪臣執國命矣。……要之，克己復禮吾人春秋之精義也。胡氏之論春秋曰，遏人欲於橫流，存天理於既滅，真得春秋之旨也夫！」

「凡有所為，無安坐而獲者，須破死力始得。武侯出師表勸後主全是此意。如讀書作文原不是學而亦足驗功力。心靜則見理明，必有過人之見；養恬則筆自舒必有安閒之局；理真則氣自壯必有轉折雄宕之致。」

須破死力得來。

恬，音甜，平聲，安也，靜也。

宕，與蕩通，去聲。

……

在清華安閒讀書，這是莫大的幸福！太安逸了！

本分內應辦的決定早辦！不然招人批評。

過於注意別人的怠惰和不勝任，而忘了自己的延遲和不稱職！別人地盤的貪心或有露出外面的，我的貪心能完全洗淨嗎？

努力為事做事！

為事做事。

打破地盤的念頭！

「積誠以感之！」

5 月 6 日

七點起。散步看牡丹。

「仁者先難，學者須要先難。此理難知，人知之而我不知，恥也。此事難能，人能之而我不能，恥也。若憚其難而止，是自暴棄也。況學若求明求能，只一用力便可豁然矣。」

寫字近來稍用力。為文還無頭緒。

人能我不能的事很多，現在最可恥的是文字的工具。

5月7日

國恥紀念日，停課。

六點起。

完全公開，純被十目十手所支配，……不怕譽毀，……所認為是的，必要別人的同意嗎？……

群約勝過人約。事業勝過懂快。（四，三晉謁，消。）

學校的成功，工具的長進，家居的安逸！

在此地的政策，我想推行出來。很好練習容人養人的工夫。用恭、寬、信、敏、惠，來與人合作。

容人，養人。

王、莊、吳、張等都要能「積誠以感之，悠久以化之」。

對懂盡友力，助之成就其志。無私欲，惟求其得所，求其不廢才。為人謀惟求忠。人群通不可免之上策。

曹不去，我也專心校事。

5 月 8 日

八點起。

「敗亡之國未嘗無謀，但言之不用耳。廢棄之人未嘗無善，但口言之不力行，心思之而不加功耳。」

「君子以所不及尊人。小人以所不及疑人。惡人以所不及忌人。」

5 月 10 日

昨天進城。

努力作新中國美藝的產生，新中國是舊文化和新經驗相融而生。

人的舊文化是我最羨慕的，也是我最缺少的。新經驗稍有不多。

……

在中國的實在情形上用功夫。將來在中國大家都舍去所謂某國留學，用中國的精神，中國的文字，世界的眼光，個人的經驗，來做中國多數人要求知識階級應做的事。

這一步是我早就看到的。

用力方向在此。所以在清華絕不注意在貪權，要提倡中國精神，少爭地位的念頭，自己用力預備將來。

一般清華派的猜忌可以不理他們。

中國文字是必須熟練的。

謙虛地作自修功夫，還怕不稱職，那敢對人高傲。

對于同人多容忍。

……

　　李煜瀛（石曾）的中法大學及法國賠款教育基金委員會代表法國文化的勢力。日本文化事業是一般親日派的機關。將來英國賠款也一定是在一般親英派的勢力範圍內。美國在先，日、法、俄、英都相繼而來。中國人有幾個能不利用外國人的勢力、財力增長自己的地位和聲望的？黃、郭利用美國的，別國的一定也有人利用。

　　所謂教育界可以離政治而獨立，政治分南北而教育可統一，……這些話我們說了五、六年，特別騙美國人，現在也不容我們說了！

　　現在的趨勢，各國文化事業都分開作去，常此以往，將來中國的知識階級必要分列許多派別。

　　已有人傳說前幾年日本留學生失敗了，現在漸漸美國留學生也被淘汰。繼起者是歐洲留學生。這樣的傳說也代表一種心理。有的美國學生也是真無用。患得患失，惟恐失去地盤。還有的歐洲學生因不得勢對於留美學生各方面都表不滿意態度。

　　將來佔勝的，必是對於本國文化有相當的瞭解，同時有世界眼光的人。美國留學生眼光容易窄狹，只讀美國書，不明西方大勢。又加以中國文化的根基太淺薄。如同外交系（聖約翰）的短處就在與中國文化隔閡。所謂歐洲學生的領袖人物如蔡、吳、李、章都是國文很好，並肯虛心研究西方文化的底蘊。

　　蘊，音慍 yün，上或去聲。

　　在美國學生中我是常批評留美學生短處的。因為批評不免得罪了許多人。我只於看到將來的趨勢，而我自己的中國文化知識和世界眼光都大不夠用。

美國學生也有他們的長處——組織能力。實業上的組織自然特長，在其他方面也有可應用的地方。

國富，人民求安逸，在美國讀書怕回國後不能吃國內的苦。

知道一時的趨向，是有用處的。然而工夫在自己作！

努力奮鬥！對於全國預備負相當的責。

……

訪孟和、聖章。助現代評論。文字的注意（先中文後再法、日）。

5 月 11 日

六點三刻起。

「孔門習行禮樂射御之學，健人筋骨，和人血氣，調人口情性，長人仁義。一時學行，受一時之福，一日習行，受一日之福；一人體之，錫福一人，一家體之，錫福一家，一國天下皆然。小之郤一身之疾，大之措民物之安，為其動生陽和，不積痰鬱氣安內扞外也。」

……

看本冊日記。

……

怒。

「當憂不憂，當怒不怒，佛氏之空寂也，儒者而無所憂怒也何以別於異端乎？憂則過憂，怒則過怒，常人之無養也，學者而為憂怒役也何以別於常人乎？惟平易以度艱辛，謙和以化凶暴，自不為憂怒累。」

......

不為憂怒役，也不為人役。

群人夢是為人役！完全自立！群不再。

5月13日

昨天看完言行錄。

最末一節：

「語剛主曰，立言但論是非，不論異同。是則一二人之見不可易也；非則雖千萬人所同不隨聲也。豈惟千萬人，雖百千年同迷之局，我輩亦當以先覺覺後覺，不必附和雷同也。」

這一節大有近代革命家的精神。

......

言行錄分上下卷，共二十篇。

......

性懶在什麼地方都可求安逸。性勤在什麼安逸地方都可尋功作去努力。

「忘在病每生於無志」。

當做的事很多而不能振起精神奮勉——那能自重？那能服人？

下年教員還沒辦請。

中四級畢業冊寫文章。

寫東西的本領也是越練越有。現在的膽量太小了！

贈中四級這篇文章應如何作？

現在就起草。

5 月 14 日

九點起。

昨晚俄大使請吃飯。

因文和字不能見人，以至使朱有輕視的可能！

文字不應用不怕人知道。自己早努力。在文字應用前，絕不貪權或多攬事。

5 月 15 日

想產生活語言，必須如 Synge 那樣，去同能說話語言的人過生活。在此地用外國話比用中國話的時候多。說中國話的文法也是外國的！

書本的文言不能認為活語言。日用的不是活語言，將來如何會有文章出現。

……

今天下午臨時校務會議。

普通科的教員還沒支配好。不能專心！

我只管大學前二年課程。

國文不通，近來不能作假了！

為什麼應辦的事無力去辦？一定無大用！

5 月 17 日

昨天進城，同五哥長談。

今天早他說他的計畫。

過一兩年他要到國外去一次，仍前回例，要我代理。等他回來，他專去籌款，校內事讓我去辦。他的意思，我在清華，改組後沒有什麼可以作的事。

詳細的想一想再定。

下午回校。

5月19日

如回南開，第一年代理，或可勉強為之。將來合作上，恐生問題。

以先就是代理後合作上發生的惡感。

B是獨斷的人，因為想證明什麼事都是他的見解高，所以很容易看不起手下同事的人。同他合作，必須能聽他指揮。

如果在外面已有成績和 Prestige，那就等於有了合作的資本，有了我獨立的資本，合作起來不至於偏受一方的指揮。

什麼是我獨立的資本？

如果再試合作再失敗，於南開也是最大的不利。

什麼時候我的資本可以夠合作用的？

B的資本，是學校創造的成績，和在外活動捐錢的能力。錢是有最大勢力的。他最大的把握在能去捐錢。現在內部少一個能計畫的人。他不承認他不能作內部的工夫，他只認因為捐錢所以不能兼顧到內部的計畫。

南開實在少一個學問家的領袖。

然而我不配作學問家！

然而我有什麼資格？

英文方面有一點皮毛的知識，國文方面還不如B！

只論手腕靈巧，我不如伉。現在南大的人，比我學問有根柢已大有其人！

如果回去後，不能在學問方面使人心服，別人對我失去信心，B 對我也起看不起的意思——那是我最大的失敗，也是南開的大不利。

在清華可以自己讀書，增長見聞，這是此地的好處。在此地不貪名，不貪權，只求研究學問的機會。等再到美國一次後再回南開，較比著對於學問方面把握大一些。

現在如此看。再想別的方面。

5 月 20 日

昨晚想到自請減薪。

二月十八日曾自誓：

「下年一定減薪」。

同人也談過這樣志願。校內人多以為無須，或引起別的誤會。

要減薪的理由：

一、我常批評清華生活太安逸。先生、學生都求安逸，將來如何能產生能犧牲的青年？在校所見的是教職員爭薪爭權，患得患失，青年那裡求得人格的榜樣？

二、現在學校改大，將來大學學生不為留學預備，他們畢業後必不能得很大薪水，如果一般教職員薪金過大，對於學生的影響一定不能提高服務的精神。

三、在中國別的學校正是經濟最困難的時候，惟獨清華薪金又比別處高，又可準拿到，這不是給全國

教育作試驗的態度。

……

請自己減薪，可以發生什麼效力？

不期望別人說好，只望不愧為青年領袖。

想減至三百也不算少了！絕不能藉以自傲！只為良心上想這樣作。這樣可以得行動的自由。

……

現在全國亂到非常。

清華因為有外國人的關係，所以得保安全，每月發薪，工作仍舊進行。

北京附近不久全在奉天勢力下。張作霖不免有總統夢。日本人是助張的，日本在中國的地位要增長。國內政局不能見好，國立各校不能有很大希望。

南開可以勉強支持。全國政局越亂捐款越不易。錢不夠用而談大學教育，在現代怕是不可能！

惟有清華藉著外國勢力，可以繼續工作，繼續發展。因為錢多，大家爭錢的心很盛。薪金已比其他學校大約三分之一或四分之一，如在此地三百元月薪的在他校可得二百至二百三、四十元。

有特別機會要作特別事業。當於他校不能維持的時際，清華應如何方為盡職？

注意工作是當然的。待遇是要比他校優嗎？

現在趨向是否過優？

清華責任大到非常，我們應取如何態度？

作教員的要如何可以影響青年，將來使他們成為時代需要的人才？

減薪只是消極方面的，真能多作事也可算大薪的理由。自己志誠，將來一定有效。自己虛假，專為要譽，減薪後只有損而無益！

減薪不為沽名釣譽。

……

現在減薪不免得罪薪金已大的人。

或有別的方法表明我不貪利的誠意？

有時因為太注意這個問題，倒現出重利的內心來！

先自己想透，再與無論何人談。

5 月 21 日

再想減薪事。

校外對我個人已有批評我為大薪而在清華。

改進社不免有人如此想。南開也不免。

將來在社會上想得輿論的諒解，自己走的路要往寬處進行！要往以後想！

在社會上走的路越寬，將來回南開後助南開的力量越大。

……

雖減薪而對清華同事要有特別同情心。以後更要防嫌少批評人。虛心合作，為中國產生能不重利的領袖。

實在月薪三百已是很多，已比在校多數的人多了，所以無論如何，是沒有一點驕傲的理由。

就是減薪後還比在別校的待遇好多了！住處好，準發薪，並且將來可以有出洋的機會。

我來清華是有目的而來的，不是為吃大薪水。也沒

有給南開爭什麼地盤。如果對於改組的計畫多少有一點貢獻，自己就應當知足。

將來在無論什麼地方作事，都應當有目的，不為利，不為名。量力而為之。

……

再想回南開事。

自己的學問實在不足服人。

在外作事的成績也還沒有。

如有意外，那就什麼都可不論了。

如沒有意外，最好再長進幾年再回南開。

在清華有事可作！一定要有相當的成功。

在此地，因負責小，所以多長進的可能。回去後，責任重，長進不易了。（特別學問方面。）

在清華再有三年，大學計畫可無憂。然後到外國去研究一年。回國再盡二年職。所以大概在一九三一可以另作他事。

如果在此不貪大薪，別人不能說因貪利不能舍去。

如南開有意外，那自然是另一問題了。

……

最要的在此地作事要真能使人心服！

以善養人。

5 月 22 日

在社會裡，輕利的人多還是重利的人多？

不義之財不取。不義就是不宜。

不宜作如何解？

多數與我本領差不多的人不能得的財。

在校內我的薪金不算不宜。

與現在中國其他教育機關比，待遇優。

待遇是應當平等的嗎？

如少數人肯用力工作，多得一點薪金有什麼害處？

別人批評也可名之曰忌妒。

害處：

一、有貪利的嫌疑。

二、難得與同行人合作。

三、因有特別待遇不免患失、患得。

四、學生也要以重利為當然，將來給國家造爭利的青年。

三百加房租我以為是最大而適當的薪金。

我如此看，所以我如此作。別人可以自定標準。

不強迫人，也不批評人。

⋯⋯

研究院教員另有理由。

大學教員應對學生的品行負作榜樣的責任。

5 月 23 日

本想今天進城。定意不去了。

⋯⋯

有幾天沒寫字。

⋯⋯

「送佛送到西天！」然而西天只於佛能去，凡人焉能送到？

……

亂世人只顧現在不管將來。只得一時可得的利益不問別人的評論和事理的是非。

然而越是大家如此作，越應該有少數人對於蒼生負責，對於將來有莫大的信心！凡事敢舍私利而立大謀！

作教育事業應當如此。

5月24日

進城。新月社午飯。

與濟之談南開。他說成績最好的是理科。文、商無把握。商科難處在得教員，好的人才不教書。文科應定範圍，不然，如請教員都是無一定計畫。據他看南開特點是上下一貫忠於學校的精神。校長不能走開，完全因為財政無人負責。

……

錢是一個學校的基礎。

為南開的發展，將來的財源在那裡？

全國亂到如此，有誰肯捐？

最大問題在此。

5月26日

早起後到西院山上遠望。空氣清郎，西山、北山都在眼前。

減薪與南開兩事尚在躊躇中。

兩事實是一事——就是一生的大謀。

將來想成功一個什麼樣人？

自己量力。也要有一定的志向。

……

先解決減薪。

我信精神生活。我以為清華教職員薪金過大。因為我要提倡與別校待遇相差不要過多，所以先從自己起。

減後容易得罪一般薪金在三百以上或是將來薪金可到三百以上的人。

減後，品行方面可以算輕利了，學問仍是淺薄。

減後我無論如何小心，別人一定猜疑我有看不起他們的意思。從校長到校內多數拿大薪的人都想我特別形容他們。果然如此，將來合作上更要發生困難了。也許於我所主張的政策有礙。

然則清華這樣特別待遇就永不能改革嗎？

這在地位的不同。如果我是拿最大薪的，並且是主持全校精神的，自己減薪一定效力很大，別人也無可批評。

想根本改革清華精神，必須在最高位嗎？

如何把利益的觀念打破？至少如何減輕？

5 月 27 日

昨天馮亞麟在辦公室動武。

曹不肯決斷，惡人很容易讓別人作！

我雖表面鎮靜，很大受驚。

自己不免怕有性命之虞！

這也是經驗少！將來如果敢負責的去作事，怕險一定是不成功的。

在清華是與「利益」相爭。

為學生是出洋。

為教職員是增薪。

爭起利益來，如主持人不願得罪人，學生、教職員都可以樂，只有國家的公費就沒人管了！

……

我自己也是爭利益之一，所以難說話！

……

晚六國飯店演七七，我不進城。

5 月 28 日

昨天同余談減薪事。

主要理由是改變清華爭利的精神，給新大學造新基礎。

再看什麼手續最可收效。不要把自己看得離群過遠了。

想了三個辦法：

一、減薪。

二、納房租。

三、仍舊。

余贊成二或三。我想一或三。

一、是為得名吧？

房租是很特別的利益。我自己減去這個利益於別人沒害處，於我也沒有特別的名，這樣克己是無聲色的，所以可以算真能不爭利。

先減特別利益，後再減與大家相同的，不然一定有

人說我沽名，藉以自豪。

赴歐旅費也是特別待遇。然而那不是我直接得學校的利益。改進社是已付過的，如清華不出這筆錢，我不能離開那裡到這裡來。

普通爭利已是很壞，最壞是特別利益。

本校普通待遇在全國裡已是特別，本校的特別那就是特別中的特別了！

習染於特別中之特別，一定不配作普通人的領袖了。

我所注意的還是對於蒼生負責。

如出洋遊學不是利益，是負大責的預備。

如知識階級比工人待遇好，也不是利益，是給我們空閒為平民研究特別難解決的問題。

所以享受特別待遇越大，我們的責任越大。

如果我不肯舍去不納租這一點小利益，我如何鼓勵人舍去比這還大得多的利益？

給人民造配作他們領袖的人，這是高等教育的目的。先從自己作起！不應去形容人。

這樣看，納房租是第一步，減薪是第二步。

……

「大學之道在明明德，在親民，在止於至善。」

不只在研究著述。研究著述是方法、工具。

……

中午與曹先生進城。

顏 W. W. 在團城請客。Bostwick.

訪人，物多近。（七七之次日，戲中戲，因戲而

生，已半稔又廿日矣。得樂荒邱。）

……

人評怯者！什麼是怯，什麼是道德的責任？（標準在是否只計算自己的安逸和名利。）

……

想起：

「志士不忘在溝壑，勇士不忘喪其元。」（孟子，萬章下。）

馮亞麟給我很好的經驗。

怕死的念頭打破！

以後仍本主張去作！怕什麼？

我打的是利益！既是有主張，就絕不怕死。

果然因為有人要動武，就怕起來，還算得什麼人！

……

自己是不怕的——這是勇。

仁智的工夫也要同時並用。

仁——以身作則，以善養人。

智——注意事實的精審。

……

明天對校長提出下年待遇問題：

一、月薪三百，同時也納房租。

二、月薪四百，納房租。

第一較近目的。第二得罪人少。（用此法。）

以至誠——毫無驕意——向校長陳請。

目的在產出新大學的新精神。

5 月 29 日

「局促效轅下駒。」（漢書。畏葸貌，器量小也。）

「局促人流局促淚！」笑他笑他！

實是膽小！

Coward！

英雄無事局促。自認為不應作，一定不去作，所作出的都敢擔責任。不如此，一定不能成大事！

怕——天生的嗎？

解說：因對多方 Sensitive，所以躊躇。

五哥比我決斷！

近人又怕什麼？社會的安全就在個人局促嗎？

我必須聽人支配嗎？

也不怕社會，也不聽人的評訾！

我是有主張的，我有我的我。

5 月 31 日

昨天進城。五哥、琴襄、乃如在京。晚看楊小樓的落馬湖。

談到南開事。大學、中學內部都急待人領導。

我同优孟講我自信不足。現在還有三分靈氣。回校後過一、二年恐靈氣用盡，那末於南開於個人都是莫大的不利！我現在自己覺著「道行」不過夠一年用的。

我的本錢還不足！

將來夠了只用息錢的程度，我自信可以敢回南開了。

學問沒有專長，辦事沒有公認的成績，社會的交際

不廣，文字不應用——總總方面使我信心不足！

回南開易，再出南開就難上難了！

B 很易輕視人的，獨我慣了，除去真有 Prestige 和南開外的信仰，是最難與合作的！

先集資本！

先集資本。

有了獨立的資本然後就有進出的自由了。

什麼是我獨立的資本？

不怕不假的自由力。

一種特長的本領。

一、不怕不假的自由力。我現在還是怕別人怕社會的制裁！不敢真！為什麼怕？為什麼作別人要我作的事，而沒有自己一定的主張？失去上帝給我的真我，而只作群的奴隸！COWARD！

二、一種特長的本領。現在是東也知道一點，西也知道一點。辦事能力也有一點，文學興趣也有一點。細問起來沒有一樣是專長！沒有一樣本領自信——或人說——我比別人都有把握！現在都是皮毛，都是初入門！……

有了這兩樣資本，什麼地方有事作，什麼地方都可去了！……

在未有獨立資本前，為南開，為個人，都不應回南開！這是已決的！

造成獨立資本，必不能欲速，必不能助長！

不要失去機會，然而過於急了有害反而無益。

　　時常自己審察進行的方向：是否有空走的路，是否所取的方向看歪了？

……

　　我要我的自由！

　　沒有創造的個人，生活還有什麼意義？

　　各種社會的壓迫一天比一天加重！

　　責任的觀念過早了過深了，都於創造的個人有礙！

　　然而不被群捆綁，也不被人捆綁，也不被已過的我捆綁！

　　要作成完全自決的我！任何人、任何物、任何時、任何景況──都不能動搖我的真自由！

　　再有不得已而動搖的時候，那就特別寶貴了！

……

　　完全自由和完全的愛──這就回到佛教去了！

　　然而不是空理，是實人實事──愛和自由。

6月1日

　　既然要自由，如果辭去清華，也不到南開，什麼是我獨立的事業？

　　是戲劇嗎？自己把握如何？合作機會如何？

　　到美國宣傳中國文化嗎？自己根柢如何？名望如何？

　　教書是大家都作的。如去教書，真不如到南開辦中學去。

　　在南開還有研究戲的機會。

……

　　既然南開有作事的要求與可能，仍躊躇的：

　　一、合作方法與態度的問題。兩個自恃，好持己見的人能否合作？如因功作問題不得不合，互相應持如何態度？

　　二、我自信的不足。文字、交際、存心、言動——都還沒有一定的主張，無疑的成績。並且在家鄉作事比在他處難得多！有了一定的把握再回家鄉可以比較的稍易。

……

　　在清華有此地的難。有時練忍耐，有時不免敷衍。不能持論高，也可體人情。我有主張，然而也得注意手續，不能過急。這是全國事，也必須有人辦牠。

　　無論如何，下年必須在清華。

　　這下一年的計畫我必須負責。手段不可過嚴。能退一步想的，先退一步。

　　此地風氣是有飯大家吃！改風氣不能快的。

改風氣不能快的。

下一年內，不得已還要敷衍一些！

也可說不一定是敷衍。這也可說是練習以善養人，不要以善服人。

……

少批評人，多自己用功。助長必失敗！

納房租還是可作的，也不得罪人。

明天校務會議後再同曹談。

……

對南開忠心幫忙，助他成為理想的私立學校。

……

下午

今晨已同曹講到房租事。他也承認是當作而可作的。從八月起納房租。薪金仍四百，以一年為約期。

二月十八的三誓：

減薪——作到一小部分。

不要高位——已定。

人格的榜樣——不敢說這大話！

6 月 2 日

獨立的資本：

一、不怕不假的自由力。

二、一種特長的本領。

肯納房租——舍去一點利益——這只消極的！

在清華下一年內打好大學將來發展的根基。

對人要特別和氣！

果然辭去時，此地留下一群好友。

前二年得罪的人，現在對於他們完全沒有成見。

為南開計，交際越廣，將來社會上越可以少阻礙
多幫忙。

離清華時，使同事人覺著我給清華真辦了一點
事，對於同人還能合作。若是走開時只留下猜疑和怨
恨，這幾年用的力量都等於白費了，並且將來在社會
上還留些阻力。

這下年的方針是如此。

……

定下年方針。

6月3日

上海英界巡捕射擊學生的慘聞（五月卅日）已傳佈
到北京。各校罷課。本校學生會今晚開會，討論辦法。

有外國租界本是很可恥的；現在巡捕又出了這樣慘
殺的案子，這是英國人待遇中國人跟待遇印度人一樣。
"Amritsar – Dyerism!"

別國待日本就不敢！待俄國也不敢！

武力是必須的了。

無論如何，事實是如此。

講武力我們有什麼預備？

機械在那裡？科學發明是戰爭利器。

人材在那裡？

錢從那裡來？

一時組織由那裡入手？

什麼是我們精神的獨立，和精神的預備？

⋯⋯

在這次風潮裡，我個人可以作一點什麼工夫？

一、在本校教職員、學生中負襄助指導責。

二、立志以後不再在本國人中間有不能合作的言行。

6月4日

昨晚學生會通過：

「暫時停止學業，作亟極愛國運動為外交後援」。

功課已完，只有考試問題。

學生愛國，先生也愛國。先生不敢敷衍。

考試的功用是什麼？

在清華特別的功用是什麼？

大一畢業與他級不同。

功課好與功課壞的學生也有不同。

無論如何不得因愛國運動而增長個人的利權。

⋯⋯

我想建議從下星期一考起。

全體考最妙。不然，大一級必須全體考。

下學期沒有過小考或成績的功課須考。

功課不好的學生要給他們補成績的機會，所以必須考。

6月5日

昨天教職員會議贊成學生舉動。

看孫中山的民族主義。

又感文字不便利的痛苦！

愛國必須愛本國語言文字。

更羨慕人在舊文化上的才藝！

應自制而護人。時常能自反而縮。

⋯⋯

什麼是我們舊文化的精神可以助我們得獨立？

幾千年不斷的文字。

精美的藝術。

人格的理想和榜樣。

⋯⋯

只用中國貨。不動煙酒。以造成新人材自任。謀中國獨立——精神的、物質的。

與人盟作和尚。一時代的理想家總佔少數！

一定要作到不怕不假的自由！

無事不可對人言。

交友自由。尊重人格，決不利用。

「十目所視，十手所指。」

應作的去作。既作後怕什麼？

我們的目的常在百年後！

努力為將來。人可與合作。

以後不再怕！

決定正大光明的言行——然後誰都不怕！

一切言行都可公開——那才是真勇！那才算不局促若轅下駒！

有不怕不假的真勇，一定不再局促！

不怕不假！

……

「居天下之廣居，立天下之正位，行天下之大
道！」

……

是非新標準：

所有作出覺出得不怕不假的都是「是」的。

這也是自反而縮的道理。

6月6日

昨天看「民族主義」。

在這幾篇講演裡，中山不免說些過頭話。為宣傳作
用，也不得已。

他主張的經濟絕交，雖然只是一種消極方法，很
可試行。

他還主張造國族的大團體，以宗族為本推廣到全
國。國內可以結合成三、四百姓的大宗族。這不像
能實行。

國已危險到極點，這是事實。漸漸全國人都作強勝
民族的牛馬！

如何振起民氣？什麼是我們可收實效的工具？

以人的精神來抵抗物質的侵略！

人必須得到獨立的力量！必須看穿名利──特別是
利，名還可用他。錢是歐美比我們多。他們以物質為
本，我們的利器惟有不作金錢的奴隸！

「無恆產而有恆心惟士為能。」

為全國想，不愛錢、不貪安逸的太少了。

……

清華是多錢多安逸的所在。在這樣環境可以造出看輕物質的志士來嗎？

先問自己的動機如何。

我有貪安逸的存心嗎？

在舒服的環境裡能作苦工夫嗎？

拚命爭出洋——爭增薪——的空氣裡，如何講真犧牲，真愛國？

我們爭的是利，將來外國人給我們利，我們一定去隨外國人去了！

現在同英日爭，實在全國有多少人不往租界裡搬，當於遇到兵險的時候？

我們看物質的生命過重了。

……

在物多人少的時代，領袖人可以去謀利。

在物少人多的時代，領袖人必須舍利而謀義！

……

清華人根本救國的方略，少不了自省克己一層。

學生能捨去出洋的利益，公之全國。教職員能捨去一切奢侈習慣，勉力工作而不爭加薪。那才是愛國了！

6月7日

進城。

近接多。

人仍信群懂能分。並應分。群必失懂。

自覺力薄學淺，不足為人久敬！慚愧！

因歆海、平伯事恐適之誤解。孟和也因信未作答有微詞。

令名不易保！

然而自己不能不負一部分招人誤解的責任！

完全不假不怕！為人專要人說好，那就毫無趣味了！

用力往積極方面注意。

別人批評，有則改之，無則加勉！怕什麼？

給歆海信。

6 月 8 日

護身符可群不能心。

符已約。如知而不問，雄心何在？只因待人好，平和。既不能全心，群也不得樂。然而認不可得，必另求懂。在符真大方了！

群我兩性必不宜。樂苦均極。

諷我戲耳。實對人非空覺。

今夏未必遠。人或戲。夢而後群通。

夢求美，久不可。

空覺？增經驗？

生活意義是什麼？

一說個人經驗，一說社會功作。

個人不管規繩，社會不容例外。

藝心個人，組織為眾而捨己。

一不負責，一太局促！

……

還談不到大問題！真本領在那裡？

國文恥！人可說寫十篇小說甚易。我寫信都不能！

冷靜知恥用工夫！個人高懂也高。不然無勇無智，人不輕視，己也覺無趣！人稍輕視，生活痛苦莫甚了！

「不患人之不己知，求為可知也。」

……

以人為理想，人己都可努力。

我以何藝助人不朽？才是真是假？

互相慕心即人間至樂。

才何在？天賦薄奈何？

我無不朽術，那配起人慕！

6月9日

早四點半起。

從前天聽說歆海在城裡怨清華待他太小氣，我怕適之過于相信，也怕別人增加誤解。

一個 Social set 的評論大半由常見面談話發出來。我不常與他們來往，而 H 多在城內，想毀我名譽，由漸而入一定會生效力的。

為保名絕不要得罪人。

然而實情如何？

我為什麼怕？

我依人過甚！

別人有想絕交，或說批評的話，或因反對而要攻擊，我就神慌起來！

我要名甚過貪利！

我願意人都說我好！這樣貪心一定使我膽小！

怕假，——都因太想得人歡心！

自己不能完全獨立！

有這個根本上的短處，一定不能成大事！

交友、弟兄、團體——必須仰不怍於天、俯不愧於人，而後才可以有所建設！

有了一定的主張，無論別人如何批評，如何造謠，如何攻擊，也不要移動。

我的魄力不如 B，「老弟你太軟弱了！」

……

對人深又怕發明！

偷是不對的，覺應有嗎？

如有人起而宣傳而批評，以至失位、失群、失功作，怕不怕？

別人不原諒，自己能不悔不怨嗎？

自堅信我所作的不錯！都失去，也知道自己沒有走錯了路，所以什麼都不怕！

怕！這是我最大的仇敵！

怕就不應作，作了就不應怕。

信人、信天、信自己！

事到半路，膽小起來，是最可恥的！

……

環境的奴隸！

我最易被環境引誘。

要一時人說好也是因為環境在我心上的力量過大！

我怕極了失敗！最得意成功！

怕失敗！

十年前（絕交）如此，六年前（B評）如此，去年（學生要求）如此，現在仍如此！將來也仍如此！

……

人都喜人說好。然而常人常情！奇人立奇功必不如此。

一時人都不懂，都批評，自己更有精神往前進！

立奇功惟有如此精神！

……

在日記上說大話，到實行的時候又要Coward了！

……

不敷衍別人，凡事要對得起自己，要完全自信而後作。

如何可以勝過怕、勝過假？

這是終身最大的問題。

……

看 Shaw「人與超人」序。

自知無才無勇！

以小聰明騙人！

有過什麼成就？什麼著述？什麼把握？

那有批評胡、陳、張的資格？

那有配人信慕的根據？

昨天作出自卑的醜態！天生就醜，不過尋常是裝扮又有才又有勇的外表！

作教育事最易自以為比人高。

南開自高自大的心特別大！張口就是百年業！

我看什麼書就被什麼書影響。證明本沒有創造的思想。

騙人到什麼時候可以停止？

為什麼沒有一個自己的我？

可恨、可惡！

⋯⋯

下午七點。

今早歆海來。下年在此只任四小時。北大全時間。

如此辦，不知將來有無批評。

錢端升不滿意教授二等待遇，表示辭意。以居多數舊教員下為恥。

張、錢如此解決，在舊人以為得意。然要防有人造謠說我有黨見。

幾個天津系把持！不容真有學問的人，也不容約翰的人！如果這樣的話傳出去，於學校同我個人的名譽上都不利。

積極方面為學校的前途，設法延聘真學者。

免除一切黨見。校內校外多交際。

⋯⋯

明年燕京搬出來，外國氣味更加濃些！

清華要早有準備。

⋯⋯

北京有都會的引誘。生活還有特色。

天津較比更乾燥些。所以最好長足後再回去。

如何長法？

學校辦理的完善？或是戲劇？或是別的著述？

哲學，我的預備不夠。教育學我認為沒大價值。

比較的在戲劇上稍有根柢。

學校方面也要有一點小成就。

⋯⋯

無聊！生活無聊！

6月10日

六點前醒。一個奇夢：

一個窮小孩被亂飛的鎗彈射中。他不明白有什麼危險。他嘴裡還嚷"Thirty pencils!" 他身上帶著鉛筆，想必是賣鉛筆的。

夢裡覺著有人報告給我聽，說小孩並沒有死。以後被抬到醫院裡，他心還沒完全停。醫生用記不清那一部的汁泄來激動他的心。心動後他又呼吸仍舊了。

夢到這我就醒了。

也許是昨天晚上排戲的餘波。

⋯⋯

昨天幫學生排「流血慘劇」第三幕。

露一點手段，有人說好，所以不免得意起來！

我的性情太喜人說好怕人說壞！喜人承認我成功，怕人傳說我失敗！

怕人傳說！這是我的最弱點！

怕我相近的朋友也說我不成功。他們或是事實知道的不足容易受一面之辭，或是看我的短處比我還看得明白，所以可以相信傳說我的眼光窄，多黨見，不能與人

合作，驕傲輕看人，實在沒學問──等等將來必至失敗的弱點。

等到這些傳說佈滿了北京多數相熟的人，將來在清華失敗還是小事，在一般輿論界的信心要失掉了！以後再作什麼事也難靈了！

然而在現在完全沒有公平標準的時期，想得社會全說好是沒有的事。

特別處容易被攻擊的地位，又要想本著主張作事不願一味敷衍。太肥的利益，人一定生忌！

並且自己的真本領也實在太有限！

……

明年（下學年）校內先生、學生不至發生特別意外。

校外人不滿意的一定加多。

一部分是清華畢業生。他們想進來而不得。

一部分是文人學者好寫文章的人。他們聽見偏面的話，不明真象，信以為實，或認為可能。

在這大過渡時代，社會裡那會有完人？

惟有自己努力謹慎。

各方面的連絡固然是一個好方法，有時少使人注意也是方法之一。

連絡最貴自然。冷的計算都露在外面，結果更無聊了！

牢靠的還是自己作工夫！

不管別人如何說。

自反而縮，失敗也不怕！

……

對張、錢，學校的處置不算錯。可以不怕傳說批評。最少不再在城裡講起此事。

舊人中學問不高明的實在是有！待遇過優。

能持久也是一種功績？

將來新加入些真學者就好了。

唐鉞的事我應當盡力收納進來。失了一個機會。為學校省了一點錢！然而別處妄費的太多了！

……

已經寫了一點半鐘。都是關於作行政方面。

……

大謀不能從敷衍人上著想！

一時的成功失敗是小事！

自己的真把握完全在自己。

想來想去回到自己的苦工夫。

然而一時的成功失敗也很有關係的！

如果自信是「縮」，失敗不足慮。

如果自己有不小心的時候，或有自滿、冷假和黨見的嫌疑，這樣失敗自己應當悔痛！不應只怨時代難，或別人不肯原諒。還是自己淺薄量小，德學都不足服人！

……

讀孟子，公孫丑章。養勇！

……

又寫雲麾。

6 月 11 日

前四日震動，今早看一過日記。

失位、失群、失功作，怕不怕？

對人已往，自信堅否？

如何繼續？

理想化，夢化！人高懂也高。

給人類增美──造生活的意義──怕什麼攻擊？怕什麼傳說？

原意是為懂而功作，不為群！

功作上創造是懂的解釋和 raison d'être ！

近接不是目的，也不是真快樂，不過是夢化工具。

貴懂所以必不群！人願群通也無不可。

無須宣傳，然公開也不怕。

解釋在將來創造上！如能增美增生活意義，人類自能原諒，自能贊揚！

……

現在量力。不要使人空受誤解而我無創造！

自信必有創造，不使人失望──那就失位、失群都無可怕了！

……

下午。

看吳宓評楊振聲玉君。

我妄作文學夢！

在文學上談創造至少在五年後！

本國文學毫無根柢。大可恥！

或者建設不在文學方面？

本國文字淺，外國文學也很有限。英文外別國文都不能讀。英文文學讀過也不多！

用一點小聰明假皮毛騙動了人！

慚愧萬狀——連這個「狀」字都寫不出！

到國文寫通之後再去見人！

⋯⋯

人的文學有根柢有家風。多年成積而很自謙。舊文章的工夫早就用過的。又兼書畫的美藝。

我講得起什麼才藝？

醜陋那能產出風韻來？

人不輕視已是萬幸！覺悟真象後那有面目再去見人！

⋯⋯

文字上五年內不能談創造。

辦事常識稍有一點。

在這方面的創造就是清華的改組。

辦事也是一種才。光耀不如文藝。能的人多些。成績不易昭顯。文藝近不朽，理事過去易忘，並且很難看出個人的工作。

處現在國家危險之秋，我們可以舍開一切專求個人出品的不朽麼？

在這個時代，文藝外是否有用才的機會？

文藝的引誘力很大。

然也有性之近不近，感覺似文學的，然而詞句枯乾不可救藥！

在戲劇上，也是喜結構和表情，詞句總不能豐富華

麗，有骨無肉。

　　小小辦事才或有一點。

　　然而也沒有什麼深謀遠慮，太易被環境移動。

　　辦事的常識用不著很高的智慧。

　　知人是要的，思想有次序，遇事有計畫。可以持久，也會敷衍。應世之道本來用不著天才！

　　恭、寬、信、敏、惠──足夠作理事用。

　　為什麼輕視辦事才？為什麼稍有聰明的人都不滿意只於能辦事？

　　大概因為只能辦事的人容易過於敷衍，只注意環境的分析而理想必不能純潔了。

　　所以尊貴詩人的，因為他們理想純潔超出俗情凡境以外。

　　詩不用文字也可以成形嗎？

　　事物的處置，對人的言動，也可以表出詩意嗎？

　　辦事也可以成為藝術嗎？

　　全國需要辦事人！

　　我就不甘心只作辦事人！

　　以辦事來表懂！不知能否。

6 月 12 日

　　昨晚取來幾本關於坦德的書。

　　「新生命」的末一節自述立志。

　　定意不用已有的文字去讚揚，努力研究修練求得向來沒有人用過的語言。

　　現在的我不配見人！

立志我不再見人！盡力用苦工夫！非求得不朽的神術，一定不再妄接近！

⋯⋯

苦工夫如何用？

求文字的暢麗。誦讀本國詩詞文章。

求較美的書法。

求為人上的勇和真。

求辦事上的遠慮和條理。

⋯⋯

為人想，有完全自由，不妄干涉。

能力薄弱，那敢妄想助人？

助人莫大於助人不朽。自己去求神術去。求得後，人自然得不朽了。

⋯⋯

舊文學工夫如何起首？

詩詞非熟讀不可，先從那一家入手？

「十八家詩鈔」。

6月13日

因旺而英，因唐而漢。

詩鈔外又得李笠翁一家言。

一家言後六卷為閒情偶集。內有八部：詞曲、演習、聲容、居室、器玩、飲饌、種植、頤養。

這都與日常生活有關，可以推測彼時生活狀況。

前二部特別有價值。論曲文字本來不多，而對於演習方面更少人談到。

......

偶集六卷：

「天使地晦，則地不敢不晦；迨欲其明則又不敢不明。水藏於地，而不假天之風，則波濤無據而起；土附於地，而不逢天之候，則草木何自而生？」

「節之為言，明有度也。有度則寒暑不為災，無度則溫和亦致戾。節之為言，示能守也。能守則日與周旋而神旺，無守則略經點綴而魂搖。」

......

謝唐激動努力國化。唐為國化源。

......

上海慘劇全國痛心！

振起本國文物實愛國利器。使人民：

1. 有地可愛。

2. 有產可愛。

3. 有政可愛。

4. 也有藝可愛。

6 月 14 日

今天在家靜養一日。

這樣安逸全國有幾處？而以自己的學問人格論那配享這樣清福？

......

昨天排演「上海慘劇」的時候，余、趙、聞三先生來。他們都是專家，所以我深覺慚愧！俗語說：同行是冤家！

冤，正寫。从宀俗。

我與他們大談。怕不過表示給他們我也是內行！患人之不己知是我淺薄處！

又是要人說好！

長篇大論說了許多北京戲劇狀況，問了許多他們的計畫和美國最近消息。

余、聞湖北，趙山東。余、趙北大，聞清華。大概分工如下：余排演，趙劇本，聞畫家（亦能詩）。

有意排演 Peer Gynt，參用 Expressionistic 派表演法。

從這看出他們新氣很盛，想以輸入最新派別在中國得歡迎。

我想中國沒有能懂西洋派別的觀眾。

他們有青年勇氣去作試驗，我亦願意看他們成功。我自己感覺的需要是研究舊劇的特點，從舊劇中得到新劇的出發點。舊劇本和演習法都可指示新中國的（不純西方的）戲劇如何產出。

然而現在中國是亂世。戲劇本是點綴太平的，亂世中那有精神和餘財花費到愉樂上去？

戲是必須演的，演必須用錢用人。各種美藝都是太平事業。

……

想回來，太被時代環境所拘束，生活勇力就全消滅了！人還有獨立的自由。我有什麼興趣就作什麼事，不被唯物史觀所捆綁。

無論時代怎樣亂，我的興趣在戲劇，我就拚命去研

究。至於成功失敗都可不去問他！

拌，俗通作拚。音潘，平聲。

唯物觀念不能感動人作造時勢的雄業。

「夫志至焉，氣次焉，故曰持其志無暴其氣。……志壹則動氣，氣壹則動志也。」

精神與物質並重，互相都可發生影響，而以精神為較要。

「有志竟成！」

……

看本冊（從前三日起）日記。

下午逛香山。

……

廿八日：「局促人！」「志士不忘在溝壑，勇士不忘喪其元。」

五月卅一日：正是上海慘劇次日。我立志時不知上海事的發生。

「什麼是我獨立的資本？先集資本，後回南開。

一、不怕不假的自由力。……

二、一種特長的本領。……

不被群捆綁，不被人捆綁，也不被已過的我捆綁！」

一、輕生。

……

六月一日：下年納房租。

二、輕利。

六月六日：

「國已危險到極點，這是事實。漸漸全國人都作強勝民族的牛馬！

如何振起民氣？……

以人的精神來抵抗物質的侵略！

人必須得獨立的力量！……

無恆產而有恆心惟士為能。

為全國想，不愛錢不貪安逸的，太少了！」

……

六月九日：

「我要名甚過貪利。

我願意人都說我好！這樣貪心一定使我膽小！

怕、假，都因太想得人歡心。」

要名甚過貪利！

三、輕名。

……

六月十二日：

「非求得不朽的神術，一定不再妄接近。」（對人理想化。）

所謂不朽或是要名吧？

十一日：

「現在量力。不要使人空受誤解而我無創造！

自信必有創造，必不使人失望，那就失位、失群都無可怕了。」

6月15日

前十八天經驗已鍊成丹。

謝人謝天。

名利並除。振起民氣。不朽在我，不問世人如何評論。

躊躇、局促，一定不能有成！

「量敵而後進，慮勝而後會，是畏三軍者也，舍豈能為必勝哉，能無懼而已矣。」

名也能看穿後（生命、錢財早已克服），不怕不假的自由力才可以漸漸得到。

⋯⋯

下午進城，晚在新明演「上海慘劇」。

校事在進城前應理清。

6 月 16 日

早習字。

心不安，得罪了人？胡、陳是已信傳說了嗎？

前星期真手腳忙亂！應痛悔！

6 月 17 日

昨天訪適之，談歙海事。「自反而縮」，不問其他。

他也說人已通約。

⋯⋯

借來詞選鈔。

6 月 18 日

昨天畢業式。今天起放暑假。

到清華將滿兩年。有什麼成績？

天生才短！那敢妄想不朽？

……

不論才短長，不同別人比，自己努力自己樂，不問收效如何。

6月19日

鈔胡適的詞選。又看詞學全書。

讀詩詞不為摹倣。要得舊文學的意境情趣。亦可得字句及結構的奧妙。

陸放翁云：詩至晚唐五季，氣格卑陋，千人一律；而長短句獨精巧高麗，後世莫及。

現在詩詞曲都是已謝的文體，為在世界上發生影響，或須介紹給他們舊有的成績。為本國新文學的產生，可以從事試驗新文體舊意境，或舊文體新意境——如果力量充足——新文體新意境。

……

小說、說白劇、自由詩，都是近來通行的文體。受西方的影響很多。因為生活淺薄，新作品中意境及文體都少可取。

我的興趣在說白劇。西方的成績我稍知道一點。也寫過三兩個英文的戲。都很空虛無物。

第一次試驗在一九一四年春，劇名 Chains，三幕。

第二次——Intruder 1915。

第三次—— Awakening 1915 冬。

第四次——木蘭 1921。

　　中文說白戲，在南開，一念差（1916）是我排的，新村正（1918）的大意是我編的。字句上精采大半出于時亢尹諸先生。

　　這次回國後，排演了 Chitra（1924），助理七七。

　　因為感文字的困難，所以努力讀舊文學。

……

　　文學上興趣大概如此。

　　旺起英唐激以漢。有為，可以不愧于人。

……

　　校事忙！

　　文學？自信不足。

　　學校？時感無味。

　　局促躊躇以此！

　　學校——又有清、南別！群人也不易合！國亂！惟有勇前！不能求安逸。

……

　　在文學上談創造至少要在五年後。

　　用上五年文學工夫然後再談創造。

　　「人不輕視，已是萬幸。覺悟真象後，那有面目再去見人？」

　　「創造是懂的解釋和 Raison d'être。」

6 月 20 日

　　昨天進城。

　　胡笳十八拍唐琴。

　　人舊文章成績使我慚愧！

近接。膽顫，證明局促。（寫小說形容非涵不敢前！我是如此嗎？）

私、小、怯！漸被人看透。

完全為人想，如何對得住人？

6月21日

昨天趙文應來長談。我要他批評。他說：

一、性太急。

二、好譏諷。Sarcastic.

三、人不敢前。「訑訑之聲音顏色拒人於千里之外」。

我解釋在清華改造的目標。

他以為清華教育應取國家主義。

我自述己志。四十後作創造事業。還有七年預備。我兩樣興趣是教育與戲劇。

現在用工夫研究中國已有的。

我又說意志是完全自由的。講步驟再注意別人的議論和事實的逼迫。

……

下午去天津。

保守非先集獨立資本不回南開的志願。

怕什麼？

為國家造一個獨立的大丈夫！

大謀是在七年後！

現在別人輕視要忍受。

只要大主意拿定，一時的成功失敗，贊成輕視，快

樂悔恨——都不足動心！

不動心！

6月23日　在天津

昨天到八里台。大學所缺的是真學者。行政方面——除經費外——沒有很重要問題。

昨晚同琴襄談。回南開在三年至十年後。希望在回來前，要預備好一樣特長的學問。將來回南開在大學只擔任一門功課的教授，不干行政，在中學任整理試驗全責。在南開任十年後或可就外事。談是如此。回南前能再去歐美一次最妙。

今天拜訪：

時子周（不在局），千里、俶成（他約午飯），在君（在京），三姊（記著秋官治耳），王進生（不在廠，取得利息）。

從談話中稍得此處風味。社會守規矩，生活少采色。

6月24日　端午前一日

昨晚勉仲也來南開，長談北京教育界內容。

北大中如李、蔣、馬、沈，都善謀略。查不是他們的對手，然而他的渾厚直誠也是很好工具。

6月25日

昨天訪在君、任公，晚飯琴襄在青年會請，同座有王、陳、及俶成夫婦等。他們代表一般（少數的）

半新的社會。俶成很精明。有一點富家子弟氣。

在君對於教育無大信心。他看南開最好點是教學生念一點書而已。大學特別非錢不可。沒有錢，沒辦法。然而既到現在也不得不往下辦。伯苓難處在內外兼顧。

又談到中國人最大弱點是怕！

與任公談詞曲。下年多請教。這是在清華可以長進的機會。劇是我一個使命，必要發達到最高可能。這是在北京的一個重要理由。

昨晚與南中職員討論知識問題。說些空話！

看中學情形，喻是「事務官」。然而在他上的，也得學問使他服。

自己力量學問都不夠用！在清華完全為長進機會！不要白多得罪人！所以在清華要多讀書，主張不要過多，或太空高。將來學問有成，有主張作事機會在後面！現在是預備！至少給他五年！

今早回京。

……

清華。

天津最大激動是看梁、丁兩先生工作的勤勞！

生活力是人自然的限度。

五哥的毅力亦很可欽佩！

多寫信。交遊必須用信札作工具。

文言白話都須應用。

如果字好文方便，這次應寫信給俶成、在君和任公。

廑潤亦應有信給他。

在君和志摩都能生在無論什麼地方，拿起就寫幾封信。並且他們文章亦來的很快！

天生才短是最重要緣因，人力亦沒作到工夫。

……

在清華注重對人和，少得罪人。在此地最要工作是自己用力長進學問。這樣求學機會全國沒有第二處。下年從任公學字、學詞曲。

六年內難回南開，除非有特別事故。

在清華二年或三年後再往歐美遊歷一次，專注意詞曲戲劇。這是我將來的專長。

在這二、三年內專心攻國文及一切舊文化。

作這樣工夫惟有在北京或近北京。

在教育方面注重個人工夫。教書先教論理學。

下次進城訪琴師。

……

英文亦不要拋棄。將來用他對世界講話。

大謀求助於人之處很多！友自然交下去。

6 月 26 日

家可樂。增口亦可。

為南開計，有數事可作：

一、編選中學教科書。請人編，在南開有過一年以上的試驗教學。與大學教育門合作。開辦經費由美款內設法。

二、新劇的試驗。南開有組織精神，有能演的人，先生、學生都有興趣。每年來北京一次。

三、在北京西山裡辦一個學費大、管理好的學校。另有創辦董事。內部由南開擔任。

四、與各地私立學校合作。將來南開造就一般終身作教育事業的人——拿錢少而作事多。在亂世應有一部人作 Jesuits。北方人作這樣事較比合性。本國人格精神可以藉以保存發揚。舊文化必須注重。

……

今年夏天專心注意書札——文字及書法。先不問高深文學。

6 月 27 日

昨天看百科全書中講 Loyola 一段，又教育科全書中講 Jesuit Schools。這類書此地甚少。

L 在三十三歲時始習拉丁文。不怕起首晚，只怕心不專！

……

南開齋務、訓育幾位先生約定星期日或星期一到清華來住三、四日，為休息亦為討論問題。

四天日程：

七至八，室外分散的默修。

八點，早飯。

八半至十，看書（關于管理目的或方法的）。

十至十二，討論問題（前一日擬定，實用性質的）。

十二半，午飯。

一至六，逛山（香山、八大處、圓明園等處，或

讀書）。

七點，晚飯。

八至十，討論問題（普通性質的）。

……

南開職員向來用能吃苦，學識不很高的人。薪金不過四、五十元。都肯熱心辦事，也肯聽指導。

伯苓用人妙訣在此。又省錢又有效率。

現在最得力的幾個人，如華、伉、喻、孟等都是伯苓自己造就出的，都是從低處漸漸提拔起來的。這一般人都是很好執行的人。眼光、政策及方法都出於校長一人。這種組織有長亦有短。長是在效率大。短在眼光容易偏，知識淺薄，校長精神有限，稍有不到處，事務容易停頓。

現在校長已覺精神不足。校內能分肩的沒人。到這個地步，不進則退。他們必須的是一個能計畫的人。因為他們要求很大，又因為他們用人很苦，所以在未長足以前不敢回南開。

明天南開有十位來。

南開職員代表學校精神。教員多有雇用的態度。教員必須受過一種有系統的訓練，得到南開教育特點，然後可以忠心於學校。

在南開職員長──有自開辦來沒有更動的。教員中越是好的越不長。有一點學識志願的都想高就。教員薪水比別處低，有的想求學。對於教員演成一種勤換主義。

職員有特別情形。薪水一律不高。校長用特別方

法造成團體精神。他們覺著在南開作事特別痛快。他們所長的是忠誠，而普通社會得大薪的大半用知識資格或靈活小術。南開用他們的特點，而這種特點在南開有很高價值，在外面換不得較高的待遇，和同等精神上的愉快。

所以南開精神全寄託在職員身上。

現在教員中老的都是不好的！這種情形比創辦初年更甚。彼時校長自己教書，教員中自己的學生佔多數。到現在校長只同職員接近，教員多從外來，所以精神方法大不一致。

成就新教員是南開改進及發展的正途！

使教員亦可得在南開能得而在別處不能得的特別利益。

大學教育科要專對中學用功夫。給任職教員有研究長進的機會。鼓勵著述，如編選中學教材，將來漸漸造成一部分以教育為終身事業，以研究學術為最大愉快的人。在南開錢或比別處低，然而在別處得不到在南開所能得到的生活趣味。

……

將來教員必對于學生個人注意——學業亦兼管理。

為過渡時代要用已有的職員作管理事。

對于他們取下列幾條政策：

一、增高學識。管初中學生的人至少初中的課程都能熟習，管高中的亦然。至此以外有一種自己特別的興趣——文藝、科學、技術都可。

二、認明南開特別精神及作管理人的重任。

特別精神：能吃苦、能認真、能為團體犧牲、能百折不回。

同事都如此，所以在南開作事有特別樂趣。

在學生中要說明職員的熱忱，啟發他們敬慕苦心辦事的職員。

三、現在方法有不明瞭的要給他們計畫清楚細目。他們才短是我們承認的。我要用的是他們的忠誠，不是他們的巧智或學問。目的給他們定好，道路給他們說明，然後他們再去走去，就是吃苦亦甘心！

……

這次會議本著這三條政策去作。

6 月 28 日

看 I. L. Kandel 的「法國中等教育的改良」。T. C. 出版。

又看「比較教育」pp. 289-313，論法國中等及大學教育。

教育上改革見效最慢。實際的效果必須由產生一般新教員入手。

南開的現在還是伯苓二十年前下的種子。

……

南開諸位明天來。

可討論的題目：

一、中學教育的意義。

二、南開的特點。職員──管理員──的責任。

三、如何增高學識？

四、工作細則——工作支配、自修時間、注意好學生、寫日記、報告經驗（？），高三及高二改用自治由能影響學生的教職員分任指導，對于高一以下學生取兄友態度（學業、體育、課外都可幫助。他們所作工作都應知道，學識高低按程度分）。最高級應有特別利益等等。

6月29日

小事不能忍！家不和以此。

亦有不滿足處——然多在自己。能力太薄弱，還沒有得到一生的大業！

國家到這步田地，沒有創造的，中國的，可以統一全國精神的，方略和領袖人物出現。

一方面，年歲稍長學識稍高的人都勸青年冷靜好好讀書。一方面，主張共產與蘇俄合作。

一方面主張用外交機關，承認已有的政府，緩緩進行。一方面鼓動國民救國，對內對外同時用力，以群眾運動為工具，以赤俄為模範及後援。

我處旁觀地位。論交際和安逸的地盤我接近冷靜派。然而我不贊成無勇氣的空談和經濟地位的保守。激烈方面的精神也很可欽佩。他們的手段和方法未免太外國了。

……

介紹南開職員幾種書讀：

一、梁任公，顏李的講演、習齋年譜、恕谷年譜、存學存性。二、甘地及其主張。三、蘇俄革命及其學

說。四、孫文哲學及三民主義。五、論語及洙泗考信錄。六、孟子及孟子字義疏證。七、胡適，中國哲學史大綱。八、蔡元培，中國倫理學史。

二、三，參看英文材料。

書由學校備用。每種在讀前或讀後，開一討論會，可請外人加入討論。

6 月 30 日

昨天南開來了九位。今天孟先生到。

他們想三日下午回去。

我加入每天早晨的討論。共四次。

卅日：問題分類。幾部書的介紹。

一日：中學意義。南開特點。

二日：高級學生管理問題。

三日：下年實施細則。

……

根本問題是如何產生中國特色的教育。

南開有這樣特別機會？公立學校難得自由。

誰有這樣特別資格？

7月1日

中學意義：

領袖基本訓練——與一國文化有密切關係。

性質多普通，重感化。

南開特色：

私立——試驗主張。對于時代需要有特別解決方法。

錢少辦事多。

精神一致。現在多靠職員。

好自大。

……

中午。

討論過。

中學有選擇責任。然而應給窮家子弟求學機會。建議每年新生 $\frac{1}{4}$ 免費、$\frac{1}{2}$ 常費、$\frac{1}{4}$ 加費。

私立學校可以作選擇中的選擇。

選擇標準必須擬定。

中學課程可以不顧「六三三制」。假設中學六年，前四、五年功課一律，後一、二年只可分科不用選科制。上課鐘點可少，自修可多。並加與教員個人談話機會。

大學課程要專以教授作主體，教授對于學生負完全責任。為大學造基礎，本校必須出大學者。在大學方面不是以精神及組織取勝。在這以上要有真博深的學問。自己能成一家最有力。在自己有主張以前，要細心研究各種成法。

......

　　明天討論高級生管理法、管理員態度及教員合作問題。上午我有口試專科生，討論改在下午四點。

......

　　孟先生說，下年能每月去天津一次——這是校長的意思。

　　自己讀書，清華新精神的造成——這是正式工作。戲劇，南開建議——這是 Avocation。

　　建議不要多，不要空高。

　　所說的為現在辦事人所能辦到的。不然人以為批評，並且可以對我說，「你看著這樣容易，你為什麼不自己回來辦？」

　　我實在覺著自己資格不夠！學問太淺薄——國文不通，知識沒有系統。非造就到學問能獨立的程度不能回南開。所以在預備好之前，萬不可空說大話！

......

　　昨天胡敦元來辭行。他說：「兩年前先生來的時候，大家以為先生與在校的人不同」。言外像不佩服我近來的態度。

　　我近來學敷衍了麼？

　　或是太取預備態度？

　　或是過了起首的高興，性情不能持久？

　　我覺著對事延遲，興趣不如初來時。

　　然而清華必須作到一結束。新計畫根基還沒有打好。

......

7月2日

二年前今日到清華。

第二年日記要看一過。寫月譜。

……

再讀任公顏李講義。

本擬第二年為顏李年，而不能每天必讀顏李書。

今天從小學稽業再入手。

第三年繼續研究顏李。從顏李深入與舊文化發生關係。從一系統進行較比亂尋途徑省時間。

……

「為學而惰，為政而懈，亦宜思有以更張之也。彼無志之人樂言遷就，憚於更張，死而後已者可哀也。」（言行錄，鼓琴篇。）

有志那怕更張？清華太容易使人膽小、求安、患得患失！這是我前一年半（一九二三，十二月廿一日）寫的。

7月3日

昨天鈔小學四字韻語。

……

今天下午南開職員去。

昨天討論時說到高級生管理法，王、周以為我看學生程度過高。他們不承認現在管理上有問題。

或是因為我輕視了他們，說他們學識低。

王頗類莊。膽力欠強，有己見，不服人。在人面前不認力薄，而威又不足以治服學生。

當場不讓人！是我器小的病。自己不謙虛，如何引起別人的謙虛？

昨天實在說了許多空話。一定不能使人服。自欺欺人！

……

無論在什麼地方絕不能人人都說你好！

南開有人迷信，一定有許多人不服，背後批評！

少建議。說話小心。自己記清：能力有限，不要欺人！

能容異己。對于莊類，不與他們當場爭。看他們不服而不敢言的態度，可憐他們。他們的冷淡，不去理他們。我太好當場折服人！

我勸他們造就到無為而治的人格力，以善養人。而我最好以善服人！我同他們說：力量越小越好多說話。而我是力量薄弱的證據！

……

今天末次討論。沒有可靠意見，不說空話。

……

清華事應注意！

7 月 4 日

夜一時。

想南開事。

最忠誠的兩個棟樑是華、孟。

伉——機警，不能持重。

喻——「事務官」，眼光窄。

尹——好好先生，學勇有限。

王——自護，少膽力。

大學完全與辦事人一致的可以說無其人！

五哥的負擔真重。

學校名望還好，所以辦事人自己還可以自足。

王不承認不能管理高級生。

喻自以為作三三制的模範。他曾說過在一個制度作成功以前不要更換制度。

校長亦不以人數多了有大妨害，所以人數仍舊。一般辦事人雖然看出問題來，仍是自信南開是全國最好的中學。

孟覺出訓練太不注意。而其餘職員不願有更張。校長亦看不出新路來。他的力量都用在籌款上。近六年來除去喻加入一些教務上計賬法外，中學一切率由舊章。三三制是仿別人的，自己沒有創造。而自己原有的集會，也沒有人繼續提倡。

校長不一定不願更張，自己一時沒一定辦法。

喻是自滿的。尹、王都近敷衍。

孟以外沒有人可以信中學應根本改造。

而論到真根本改造，此非其時，我亦非其人！

不能服喻及社會一般人的是我國文不應用！

……

大學亦是沒有前途的眼光。一般教授看不出現行的美國制與中國情形有不合處。他們只於責成校長多去掮錢。

在大學方面，校長變為掮錢奴！他對于大學亦沒有

——更沒有—— 一定的主張。先生、學生聽他說，因為他能去弄錢！他們佩服他弄錢的本領。如果他一怒，不去辦了，南開立刻有大危險，那就於先生飯碗，學生求學都有大關係。

他亦未必安心作損錢奴！不過到這個地步，不得不如此！

……

他期望我回去幫他，他稍有覺悟，自己精力不足。然而他絕不是求助於人的人！

前六年他從美國回來，沒有幫助我再到外國去——出國前口頭上許過——並且批評我不足信！當於他離國時，學校經過大水，而到他回來，學校一切都比以先有條理。

我那次出國，定意獨立！不求他助。

在美國三年，完全倚靠自己。

到請改進社送歐參觀的時候，他亦沒有幫忙。

並且在我未回國前，南開董事會並不贊成我回南開。

現在眼看著南開要發生問題，他又想叫我回去，他想出國去休息一年又要我代理！

已有過一次，這次要小心！

我在清華長的機會大。至少再用上五年工夫。

自己長五年後，再定方針。

不能完全給別人用。特別人家沒有覺出非你不可！人家不過說給你一個幾百年不朽的機會！應當感謝。謝後，還努力自己的大謀！

⋯⋯

自己力量實在不夠根本改造南開的！現在以實在力不足堅辭。

⋯⋯

既已定意五年在清華，各樣態度應早有打算。

一九二八或二七——再到歐美去一次。

一九三〇後——定將來方針。

在這五年內最要的是給清華造新大學，為自己研究國文。

專心作五年！

力量足了後，或南開或他處都有創造事業可作！

在五年內非南開出了非常事故，一定不回南開。

在五年內，如果覺出清華於精神上不宜，那亦要斟酌情形定去留。總而言之，在自己能力發達足以前，得一點安逸不算大錯。有痛苦亦應當忍！只要不止的工作就可不愧。

養足再想高飛！

如果覺出安逸於精神有害，那末，立刻大膽去更張！然而更張未必是回南開。

（寫到兩點三刻。）

7月5日

無聊！

因對僕人態度又鬧氣！

⋯⋯

南開人就是得罪了，悔有什麼用？

知行、主素，因改進社不免有惡感。

張、錢，不會有好批評。

此地真可靠的有誰？

自問各方面都開罪了，自己有什麼自恃而不恐的獨立本領？

亦要問得罪緣因在那方面。過如在我──因貪，或懶，或傲，或偽──要早自覺悟！

曹算是很能容人的。滑一些偶有之。

造獨立活動的機會。不倚南。此地事業絕不應放棄。社會交遊亦當注意。

……

教育影響不要看得過大！

就是現在的南開已算不壞。社會已承認是中學裡一個最好的，又何必去根本改造他？這是校長及多數職員的意思。上次是藉著大水稍作一點整理工夫。

無論一個人或一個組織，想根本更張，必須經過痛悔！沒有痛悔，更張的阻力必大，不易成功！

我來此地時，因為幾年的批評和紋亂，所以有想改造的空氣。

南開也許還要五年或十年後。

非其時，非其人──一定不去幹。

在君說：

教育影響不大。

學生學一點英文、算學、國文，將來可以升學──不過如此，講不到什麼訓練。

南開最大問題是錢！

在君頭腦冷！

私立學校特別如此。無論說的如何大方，主持還在B！以學說改造怕是妄想。

能弄錢比能出主意重要得多！誰能弄錢誰有主持權。建議必不受歡迎。最不受歡迎的，是只唱高調說空話，而不會設法去弄錢！南開不能容這樣人，亦不應容。

……

一、還在君稿。又懶！

二、訪知行。支票解決。

三、中學第一班畢業紀念贈金——給喻信。

……

校事：

一、國文教員（見適之）。

二、日文教員（見范）。

三、德文教員（與D談）。

四、下年功課支配宣布。

五、改課手續。

六、大學教材（誰擔任那部分？）。

七、二年、四年、五年……後留學考試辦法。

八、定學校教育方針。新國家主義的步驟。

九、八月間山西遊行程。

……

暑假已放過半月了！

懶！是興趣過多麼？什麼事應當作，我一定延遲！

這種習慣真有趣！所以到現在還沒改的，大概因為沒有覺過真痛悔。

有時是還沒想出最好辦法。也有時因為自己沒有這樣本領，例如寫中文信！

恨作應當作的事，無論如何，是我的一個最敗事的習慣！

自制力薄弱在此！

膽量局促亦在此！

7月8日

七日進城。

陶，談天。

信進一層。說同印！人亦不願完全背社會，斷絕一切舊習。

同知長難。

不再造。意已萌。

景需遷！

國家大變不易。

此地易安！如何改？有責任問題！

反社會，自信如何？

什麼是生活興趣？

群人生活能得所麼？

為人應止即止。

……

人評：

注意雖強，不能久！

為名求名——必失敗。

為無名求無名——假，亦作不到。

為無名而求名——先難而後獲。自制工夫！

外面厲害，早使敵人預備，似陰而實不能陰到底。

願意使人知道有主意，其實主意不堅固。很容易受影響。

小聰明！不能收末尾的成功！將到成功時，注意已散！這是最大弱點！

……

社會與個人？也不是，個人的幾種關係的比較和衝突。懂是聖，一看法。不單純，很複雜，一看法。

肯，是為人最上計麼？

工作？文？

生計？

群和？

如非上計，也為人想。

群否由人定。己不知時，惟有聽人自由。

潔己，誠意，取法理想。

……

小才子態度作什麼都不能成功！

局促！

……

自張事後，人看出真無用！

……

怕什麼？要什麼時候完全更張，就立刻更張！一切衣食住家國社會都不管他！人生的神是最尊貴的。

人敢的，我敢！

7 月 10 日

今天到臥佛寺，給初中夏令會講「將來幹什麼？」

......

看前八月日記（造廿）。

不應以空話自欺欺人！

然而真仍是真。不過要堅認無才無勇！

必須有成就，再敢再造。

人已看穿！有何趣味！

為人謀而忠！

......

勇！

7 月 11 日

昨晚講演不合他們口味。我提倡大丈夫主義，他們（特別美國宗教家）要的事事服從上帝！

......

自由！

這是一定不疑的！

看人不能樣樣求全。看事也應如此。

守這樣態度，氣就可以和平多了。

沒有各方面完全滿人意的！

容人也可以容己一點。就是不要期望樣樣都見長！

昨天在臥佛寺和範孫先生談。他也說學貴「善棄」。求學必須分得精細，各人只可作小部分。最低限

度的普通國學知識是必須有的。

⋯⋯

已得之近，應貴。

惟有自己用功夫。

於人於己都無益的，一定不去作。

不是怕難，實是無益！

個人的發達也不只在一方面。

並且對於他人的責任必須負的。事事為自己痛快計算，這條路走不通的！

⋯⋯

應止不止最殺風景！

最滿意本不長。

人生之樂在夢。

⋯⋯

明天南開人請飯戲。應回請。

喻錢早送為妙。

當於預備時期，應盡義務幫忙。不要稍有一點高傲態度。

上次因王一人不服，氣不能持，不免得罪了大家。

近來因心不整，所以時常不能靜氣。

動機是為人——路越走越寬！

⋯⋯

後天從城裡回來後，要好好的作一星期校事。

7月13日

昨午進城。午飯在來今雨軒。同座南大教職員。晚

袁復禮約。住北京旅館。

　早同五哥談。他也說能常到天津去幾次。

　五哥善用計算。對于事理人情分析得非常清楚。用人很能使盡其力。

　處世妙訣在善用人長！看人多注意好點。

　善用人長。

　求全，必先自己失望！

……

　校、家都取此態度。

……

　對於事應當盡力求完美！好了還要好！

……

　氣已稍靜。

　只求一面滿足不是上策。並且性不能久。誤人誤己！

　理想化能生美。

　盡力助人！至誠的友義。

　使日光和空氣多參加！

……

　文字恥依然的！愛慕美文是當然。

　又有幾天不習字了。立刻作！

7 月 14 日

　下午進城。周支山請晚飯。

7月16日

昨早起。

得塚詞亭畫。

路遇，作泉遊（亭、泉都不再！）。

泉上松頂好，

綿綿山上雲。

有伴才有景。

為何近而淚？

……

瞎話是人類異于獸的！

胡詩太白了，無 Secondary Tones（弦外音）。

景應從框裡看。

手可惡！

綠竹領。嫩軟。

怕夢，怯多物。

……

貪專！

然人強。

兼？

不許人用符！

太私。

可止。

……

暑假已過一半。

文、字，有什麼成績？

對得起人，就在自己肯用苦工夫。

我能苦麼？可造不可在此！

「先難而後獲！」

7 月 17 日

校事必不能使失敗！

對人、對南、對將來，此地必須有成績。

想在文字上見長，不是五年內可作到的！

人早看出我不通！

本國文字不通，這是最大恥辱！

好好讀書。到文字通時，再敢見人！

人評我不能久。現在要看是真沒有勇力麼！

不期而別。

以謝字終，本當然。也妙。

……

字形、文詞，連張也不如！

真羞殺人！

羞殺人！

……

不配近！

7 月 18 日

昨天校長催教員分配，這才趕快弄完！

可恥！為什麼好延遲？

延遲！

非事到臨頭才去辦，假設能辦，也不過小才子
態度！

恃小才，絕不能有大成就！

應作即作，應止即止。

我去催事催人，不要使人事來催我！

……

懶和健忘——泰谷爾說他自己如此。

然而他是詩人，我是辦事人。他是富家子，我是窮
光漢！

不能同摩比。物質方面，不能過唱高調。

……

美藝與辦事——同共存？

7月19日

昨伉、邱來。

想現為教務主任，三年後或無此名稱，我能老死在
大學普通科主任麼？

我的專長是什麼？長進的方向在那裡？

吳、孟、莊，國文都比我有根柢。辦事的見解上，
或稍多一點知人知事的敏。然而這是空虛的！

……

只爭得大學裡職位高的名稱，是無聊的！

個人的不朽或應在別處去尋。

為什麼這樣求不朽？

空自高傲！有何把握？

……

文字上工夫是慢的。

將來安心作教授，專心著作，以文字求不朽。（？）

7 月 21 日

章行嚴的甲寅周刊出現。

文尚雅馴，白話不刊。

反對白話文與學衡旨趣相同。

藉白話藏拙本是小丈夫行為！

徒以古奧自高亦非正大氣象。

7 月 22 日

昨天秋官、錫羊回津去了，宗康也回家去。

注意錢，人的常情，然而不大器了！

校事 Dzau 稍有誤解。在我完全公正，不管別人如何看。

不怠，不傲，不偽，不貪。

改過不憚！

近幾日寫蘇字。

只要多寫，形態總有長進。

在一樣上用工夫，再寫別樣也覺稍易。

7 月 23 日

看學衡第四十期。柳詒徵，罪言裡有一段評現在作校長的醜陋。

「有操筆不能為一短簡者，有尋常之字讀之大誤令人噴飯者……」

別的罪惡姑且不論，為文識字實在是我的短處。

這一點很容易受人攻擊！

自己不要粉飾。好好用工夫。將來必有一日文可通

順，書法可觀。

⋯⋯

　　昨天同校長談到將來考出洋辦法。

　　此部分事應獨立於學校之外。

　　此事與全國高等教育有關。當於談計畫時，有意我去主持。

　　大學還沒辦好，又想別的計畫去了！

　　無論出洋大學，國文把握必須有的。

⋯⋯

　　因考，人來荐信很多，露出官僚手段，「大人」的神通！

　　寬恕看法，是一種誤解。

　　人煩我早示，也可不必。

　　得罪了也罷。

　　既成，何必得早曉的功。並且猜疑不免。

　　避嫌起見，還是不去理吧。

　　人如何想，不管他！

⋯⋯

　　秋季開學，預備始業式演講詞。

　　全國人都望知道清華大學辦法。課程大綱是我擬的，所以我有解釋責任。

　　在開學前要寫好這篇文章。

　　看英美大學最近改革趨勢。再分析中國高等教育弱點及國家人才的急需。

　　這篇演說應當作清華大學基礎。至少使五十年後人可以明白清華改變方針時的眼光和計畫。

對于國內大學作一度詳審的考慮。

約用一月工夫寫好。

……

明早秀珠到北戴河去。

我也許下星二去小住三、四日，也許只到天津去遇他。

……

文言白話的爭一時不能分勝負。

兩個最大分別。

一個是寫出給人看，

一個是說出給人聽。

寫出人看的，說出人未必懂。只要人看了可以懂就夠了。所以字句儘管往古潔處鍛鍊。人看慣了文言再看白話自然嫌他麻煩，討厭他不雅馴。

說出人聽的自然要人一聽就懂。近來寫白話的，有時所寫的，人聽了不能懂，那末，白話的活氣脈他沒得著，同時文言的簡鍊他已經丟開，這類白話文是現在最常見的。學衡、甲寅，不滿意的白話十之八九都是這類的。

所謂白話的活氣脈是白話文能不能常久的主要關鍵。

活氣脈是由活經驗得來。人到與人接近的時候如有情感事理想發表給人聽，他自然的工具是文言還是白話？

文言最宜個人獨自發表，多有時間鍛鍊再思，預備寫出可以給人看著有一種美感。

白話的好處在接近活經驗。文法的標準在說出來人立刻可以懂。

多讀書可以學文言。多與現代人接談可以得著一時代的活言語。

想作好白話，書也必須多讀，字句也必須精鍊。

好白話，將來有生命的白話，必須用創造的苦工夫得來，必不是只因為文言寫不來，或因為懶用讀書工夫，或因為用外國文法的習慣，或因為一時風尚，所能成功的。

由戲劇及演講入手，用白話是沒有問題的。

信札短簡，白話可，文言也可。

尋常說理文字都可用演說或談話式。

情景文字還是白話好。

如此文言最大用處只在簡札上。多看些尺牘書應當有用。

7月24日

雨已連綿將三日。

秀珠北戴河之行延期了。

今天到辦公室送出通知教員授課信。

每天用上兩小時預備大學開幕講演詞。

空說沒去作！

7月25日

三位考試評定員顏、王、范已通過二年後及四年後留美考試法。

一、二年後，男、女生各五，都須大學畢業並一年以上作事經驗。

二、四年後，共送二、三十人，公開考試，本校畢業與他校畢業同，並二年以上作事經驗。男女合考，女生至少佔全數三分之一。（這是他們加入的，將來還要斟酌。）

按政策，留美考試必須於大學之外。選擇方法很待研究。將來在美應入何科何校，也不應如現在這樣沒系統。選擇標準與全國高教育有莫大關係。派送種類也不應只限一樣。各承認大學教授，任職在三年或五年以上，有相當研究成績及教授經驗，每年可選派五人至十人。他們在外年限至多不過二年，並且他們任職大學及所派個人都須負相當供給之責，如學校出一年的半薪，個人籌旅費，或用別的方法鼓勵學校及個人出相當代價。

……

信札與章程的文言也當注意。

文言能應用的如朱，近來在學校的用處一天比一天多了。

既能早見到，絕不應放過機會。想作大事非本國文字有切實把握不可。

將來失敗人要恥笑我！

動機早有了，進行步驟不清楚。

惟有用拙法：多看信札、多看章程、多寫字。

工到自然成。

7月27日

陰雨連綿已有五天了！

時光過得真快！還不到一月暑假就去了！

近幾日寫蘇字，頗覺有趣。

看花月痕，文字便利可羨慕。現代文人在本國文字外，還要知道世界文學，成功比以前更難一籌！

寫大字，小字筆韻也隨之改。多寫自有長進。

只有神沒工夫是小聰明字。

7月29日

前天到香山講演。昨天進城。

陰雨未晴，大不爽快！

到何處休息還沒定。秀珠應走開幾日。那裡去？北戴河？

……

晚十一點。

明早如不雨，同赴北戴河。

至多住一星期。

約費一百五十元。

回校後，住一星期就要到山西去。

八月廿五日到校辦公。

暑假過得真快！

前一年日記還沒得讀！

8月8日

昨天從北戴河回來。路上在天津停一夜。

換環境有些益處。覺意強些，情冷些。

……

在校辦公一星期。

十四日晚赴山西。

啟程前大學開學事應備妥。

8月9日

昨新月社歡迎志摩自歐歸。諸友得晤談。

志摩怨中國懶性深，無生氣！俄國勢甚可怕。

新月社想改組加積極工作。太安逸！

已在社會上有地位的人，自然懶於改章。

革命不從這種人發生！

我也在此列！

……

近來看 R 氏「大學的研究」，有心得。

開學後作幾次講演，談大學教育沿革及其近今趨
勢。我擔任數次，餘請別人講。

……

習書稍得興味。

從夢賚處得包安吳論書十二絕句。

雲麾利，東坡厚。蘇路寬些。

……

自北歸後知室外動作之益。今日赴西山，騎驢。

能常此方妙。

8月10日

每早八點早飯。

從旅行回來覺精神好些。也少延遲。

離開環境是最好休息。

星五（十四日）去山西。不知能否從大同、張家口路而歸。廿六日定回校。

8月11日

昨晚請元任夫婦飯又作竹城戲。很樂。

多交際，於人己都有益。

家人亦須鼓勵。

「必有事焉！」作起來再講！

進城。

8月12日

京漢路免票車甚不便。

不寫怯弱自大的話！

8月14日

原擬今晚赴太原。得便由大同、張家口回來。

日文教員未定。大同如何遊未問明。張家口未先接洽。

大、張兩處或再作一起。

已有兩年沒加入教育團體的討論。今年應去。

日文教員事可交余或朱辦。

只為到會無須去過早。

去晚不知有無旅館住處。

本屆年會到會人不多。我想省外去的不過二百人。

在開學前應預備關於大學教育的講演。

內地去一次可以得些新觀察。

若去，還是只為年會去好。

早一天去，住處容易得些。然而也許無趣味。

如赴會人不多，住處或不難找。

明天饒樹人昏禮，可見朱我農談日文教員事。亦可見濟之問大同遊。又可見明晚赴太原的，或與同行，或煩在太原定住處。

如十五或十六起身，廿五前應到校。

開學前還有兩星期工作。

8 月 17 日

十五進城。日文教員盛先生已與朱我農說好。從山西回來後一訪。

五哥在京。稍談。

今天晚車赴太原。如便從大同繞道而歸。

到校定在廿五前。

⋯⋯

作字無筆力。看康有為廣藝舟雙揖。學執筆。臨龍門造像、丘穆陵夫人尉遲造像。為長筆力。

昨在一得閣買墨汁。回來才知道買來油煙，適用光滑紙不適用宣紙，以其質過濃。買得二兩，勉強用完。下次要松煙。寫小字油煙滯筆。

對于墨稍增半點知識。

……

　　昨在新月社與叔永、奚若、鯁生、適之、通伯、孟和、志摩、任光談高等教育。叔永擬提倡個人指導。討論後定先試驗研究性質。每年約用五萬。叔永大概想在美庚內籌。

　　錢仍是最要的！這是離不開的。人的理想總要對物質宣告獨立。重義輕利！然而到末尾還是誰有錢誰成功！

　　事或必須錢，然個人不要依靠錢。

　　清華個人爭錢。錢是無只境的，越多越不夠。

　　不愛錢，然後作事可獨立。

……

　　新月社無事業。少數人晤談，也可算一種需要。只不負責的任意沒有什麼真詩的可能。富家子所知的不是真苦難，所覺的不痛快只是慾望多，一時不能完全任意得到。

　　非富家子千萬不要染富習！

　　煙、酒可不動。

8 月 25 日

　　十七：晚車赴太原。

　　十八：下午到。住泰安棧。

　　十九：遊武廟、文廟。步行，由水西門走汾堤到旱西門外，訪舊河神廟。

　　廿日：遊晉祠。

　　廿一：上午參觀軍隊。

廿二：遊傅先生祠。下午回程。住石家莊。

廿三：下午七點到北京。

廿四：早回校。

……

昨天校長亦到校。

暑假已過。

開學前還有兩星期。

……

下午。

今天在英文導報上載清華學生上執政書攻擊曹校長。

建議交教育部管轄。

清華比較的得安逸，早晚必受人注意。

想作心安的事，必須待遇比人廉。自己去造機會。

在此地前途艱難。內外都有不能合作的部分。

外面失敗不能回南開！

8 月 26 日

早六點半起。

七至八習字。臨龍門。

九點到辦公室。

不寫怯弱自振的話！

8 月 28 日

昨天得碑帖數種：

爨寶子

褚河南聖教序

虞世南孔子廟

蘇東坡洞庭春色賦墨跡

蘇養生論墨跡

瘞鶴銘

⋯⋯

對於書法初覺興味。

⋯⋯

早習字一小時。

大字懸肘，小字懸腕。

第二層工夫自今日始。

⋯⋯

自山西歸來，身體精神都覺疲勞。

今天、卅一日、二日，都有委員會。

新教員漸漸到校。

⋯⋯

晚。

校長給我看近來在世界日報上一段攻擊清華的新聞。裡面幾句攻我的：

「驅逐喜講聖經好操英語之教務長張彭春（南開校長張伯苓令弟）」。

還說有人在北京某校開會，提出建議，經教育界多人贊成。

這是一種造空氣作用。

心理是反對宗教及外國化。其實不免爭利。

8 月 29 日

五點三刻起。

習字兩小時。每小時只作三十餘字。

進行甚慢。

小字應用要快些。

……

開學演說是改革上很重要的一段話。

能否使新舊生、新舊同事誠服？

能否使一般人明瞭大學在這個時代的旨趣？

能否感化人使人多公少私？能否預防新生爭出洋？

指出大學旨趣是最不易的。然而辦大學必須胸有成竹。

時代思潮現在一點也沒有標準！

意見絕不能求一致。無論說什麼一定有人批評。人的私利心過勝。

分派結黨！大學所造就的人應守如何態度？

我們所有的大學理想和方法美國得來的居多，以後稍知英國的大學組織。

中國在現時大學應作什麼功夫？

8 月 31 日

清華經費充足。薪金比其他學校都大，並每月必可拿到。住處的舒服是全國無雙的。那裡有這樣的田園、林沼、泉水、洋房？

如此好環境，如何別人不窺視，不妒嫉，不設法攻擊、批評、拆毀？

　　全國各校得安靜作工夫的有幾處？特別是北京各大學。搗亂分子如李石曾派對于美國留學生特別仇視。與俄赤接近。法、俄庚款皆在掌握中。軍人有馮互相利用。鼓動工人有共產黨買通的學生。他們計劃將來以黨治服全國，仿俄國前例。

　　這派政見手段如何是另一問題。無論如何，他們是有計劃的。如胡、丁、梁，對于學問藝術都能提倡；然而他們都是很深的紳士習慣，自以為有才，而與民眾不接近。手段上清潔些，然而具體的計畫是沒有的。他們多受英美學說的影響。

……

　　清華實際上是在美國勢力之下。

　　南開也是與美很接近的。美國輿論要注意的。

　　東南以先是美國式教育的中心，這次被國民黨打擊的將散。

……

　　好操英語！法語我是不會說的。

　　國語不常作，所以自信不足。

……

　　當於任此職，對于教育有什麼主張？對于利益有什麼主張？對于中國有什麼將來計畫？

　　在星三與大學教師聚會前要預備好對于大學主張的宣言。

9月1日

習字一小時寫了四十八個。將來再熟些，一小時可以寫一百。

……

昨晚進城，余、聞、趙請在東興樓。

西林分析共產在中國盛行的兩大緣因：

一、失業人多，俄國供給錢。

二、人心思放，狂瘋一時不管拘束也與青年心理相合。

……

今天預備明天對于教員談話。

9月2日

一小時零十分作字七十七個。

……

今天開會可到十六人，有六人不能到。

國文：吳、戴、朱、陸。（孟、錢）

英文：王、溫、賈。（陳）

數學：鄭、海。

物理：葉。

化學：（楊）

生物：虞。（陳）

科學史：梅。

手工：周？

歷史：劉、蕭。

體育：曹。（郝）

9月5日

今天第二次大學教務會議。討論新生分班問題。

今明兩天報到。

新生分入大學正科一年的必須各科都好的。第一班要真好的，貴精不貴多。

加入大學教務會的共廿二人。

……

錢少辦大學如何作得到？

或可只能辦到小而有特性的大學。

如 Hall 在 Clark。然而 Hall 老後 Clark 的性質完全改了。

青年人才聚於較大的學校。當教師的都樂教好學生。錢多的學校容易有好教師。

錢多而人能和，最好了。

錢少人易和，然而人才多平庸。

事實如此。

9月6日

怯弱自振的話不可寫。因為常寫後以為已經作了。

自省的觀察和別人的評論是有用處的。

……

公事過忙，前兩天不免對于註冊部王、崔及學生崔（龍光）過，有責罰太嚴、態度失和、含有成見的地方。

9月7日

臨長樂王夫人七次。

昨天始習楊大眼。

墨汁膠太多。用筆不自由。

……

今早同新生第一次談話。

已到約一百人。

他們要知道的大約不外以下數點：

一、將來出身。留學考試。普通訓練修業。專門訓練畢業。

二、大學教育性質。選科制之不適用。

三、前二星期之課程表。以後暫分兩組。試讀期內分班都是暫定。一年後定出何人可以兩年修完普通科。

9月8日

昨天同學生說了二小時。大義本著以上三層。

明天在開學式只報告新舊生應注意事項，不作長篇講演。

……

晨報上載一段新聞：

「張伯苓善禱善頌　恭維段祺瑞整頓學風　為五千元大談天道

天津快訊，南開大學校長張伯苓對于當局整頓學風一事甚為贊同，特于日前致函段祺瑞表示欽佩，茲照錄原函如左：……」

看原信大概為要錢寫的。送新聞的人總是反對伯苓

的。亦是大不贊成段、章的。

法派與美派是處於爭勢的地位。

法派反宗教，近赤俄，對於英美勢力之下的都攻擊。

伯苓的名望是一般美國人造起的。特別是宗教界和教育界。他是幾處教會學校的董事——如金陵、燕京、協和等。各處青年會及「自立教會」都很依重他。

南開在法派眼光看作一個美國式的學校，並很有教會風味。

伯苓的辦事才——特別在獨立創造上——是大家佩服的。他的毅力、條理和用人的本領，都是很少人可以同他比的。書本知識他未曾用過許多工夫，並且環境和訓練兩方面都沒有給他機會。天生記憶不強，於博學不相宜。

南開所以有今日，全賴嚴先生的德望（在初辦時特甚）及伯苓的毅力和計畫。現在依嚴先生的比以先少了。基金雖有，而不多，遠不足為大學發展用。南開最大問題是錢少。伯苓的工作全在籌款。只要校長能弄得來錢，校內沒有不佩服的。

⋯⋯

反美派最不贊成的是「喜講聖經，好操英語」。

又有一部分人批評我不「中西兼優」。

我近來對于英語聖經，不如以先熱心。我也不想利用英語聖經得名位。並頗以利用為恥。

然而實在學問，中沒有，西也何嘗有！

當於作事，維持名位和生活，實在沒有工夫專心求

學。所謂求學不過是求有系統的發表能力，如在君所有的便利。

辦事組織才也不能說完全無價值。然而中國向來是注重文章的。

朱現在幫助我對於文章發表上。我不能獨立！

在戲劇上亦沒有過本國文的貢獻。在教育上亦沒有過正式的著述！

將來什麼是得勝的工具？

交際？我們最能得罪人！冷傲是我們的特長！

9 月 9 日

早十時行開學禮。

對於多方面話很難說。

明天同新生還有一次會。

解釋越多，越露出弱點。

從一面看，今天我應知足。這兩年來我所主張的改變方針今天算是實現了——大學研究院成立，舊制廢止。

然也算不得什麼成績！人不知而不慍。

有人還不贊成！所以不可知足。一件事從頭到尾作完了，那才算是真成功！

一般反對的人都等機會批評拆毀。這是自然的。已經走到此地，非往前走不成！今年是最險的。過了第一年就好多了。

學生沒有特別反對。可慮的是教職員中意見不合！

先起於教職員而後學生才加入。

不能使他們一致是學校裡最難題！

使他們心服，必須有真本領，也要有容眾的態度。只有巧活的計畫不能使人誠服。

……

想過以上許多層，只於是對外！

無論別人服不服，無論報紙上如何批評毀謗，我仍有一個我在！

人承認我的成績也好，不承認也好，我依然是我！

有了這個真獨立的我，然後可以坦蕩蕩。

……

今天說幾句鼓勵大家渾厚，樂業的精神。

減少先生、學生的怕。

「安其學而親其師，樂其友而信其道。」

「使人不由其誠，教人不盡其材。」（今之教者的病！）

……

晚。

英文導報上今天也載伯苓致段信。

口吻很要惹人注意──過於批評別人辦的學校。我想他寫的時候絕沒有想到有人給他發表。

法派分子一定出來攻擊。京報副刊或「猛進」上將有文章罵他。

英文口吻很不合適，很像只於南開好，其餘學校都應把款項讓給南開！

外面仇人加多，於將來不利。

南開之急於得錢是作校長不得已的苦情。

如果安於所有入款，大學不能發展，將來不能與其
他大學比成績。

內部工夫還不到時候。

9 月 10 日

論理班第一次。

昨訪任公問執筆平腕法。

寫字用磨墨。

9 月 11 日

昨下午與新生談話。會前怕沒話講。結果還可。

晚元任濟之來便飯。

二星期後到天津去。

為運動，想買自行車一架。

……

晚。

近來大學普通科開始問題已有頭緒。

有工夫計畫將來事。

專門科不在我管。

自然職員次序：

校長

研究院主任

專門科主任

普通科主任

三科主任制為攻我而成的。漸漸推我到第四位
去！方法很妙。

普通科事至多二年後可以交給余辦。

舊制二年後也可不用特別注意。

這二年內有工作。

以後如何？

滿意普通科主任？

或二年後他就？

或辦理留學事？

或統一大學教務？

二年內應靜以待時。

工夫從克己入手。高傲不能大成。

與吳、莊比，我的弱點：

一、態度驕傲。

二、文字不應用。

三、無實在學問。

稍可自信的：照顧較多方面！

吳比莊有條理有遠謀。又不輕浮。眼光窄些。

莊不銳，並膽怯。

⋯⋯

清華人回來的加多。現有：

吳、莊、王、蔡、笪、陳、錢、葉、朱（J. P.）、

劉、朱。

漸漸清華歸入清華人之手！

他們的野心不過如此。

然而我的小成績就要完全無效了！

吳的本色漸露出來。外面誠實，而很好用手段！

9 月 12 日

吳用手段例如下：

一、來時爭研究院籌備主任。由籌備想轉入總務主任，因人看穿中止。三科主任制通過後，要求主任名。

一、爭薪。

一、多給趙元任兩月薪金以買其心。

一、招生揭曉時假用與我談過名給校長信。

⋯⋯

我也不是沒有用過手段！

⋯⋯

三科主任制行後，將來用人權吳、莊的機會較多，因為兩科是新組織的，發展在將來。普通科沒有很大發展可能。將來想發展的教員也要多與他們接近。

清華回來的學生加多，將來多有加入清華的可能。

以先全權在校長，改變性質較易。以後不然！

⋯⋯

去年有人攻擊我不佩作大學教務長，因為不能「中西兼優」！

三科主任制可以減少這樣批評。

在勢上看，是我的大失敗！然而論真本領，我也自知不足。不過一般批評的人就是我能中西兼優也要尋別的方面入手。

⋯⋯

新計畫裡我的主張居多。實行後我的地位反不如以先！

灰心嗎？世上事不能只看近處。計畫是我的，已是

很可喜的。名位讓人也就讓人罷！

當於他們爭名位，我去貫徹主張。

……

我主張裡還有一兩點沒作到：

一、選派留美公開考試的辦法。

二、董事會改組。

生活興趣在主張的實現。人群承認與否個人完全沒把握了。

……

大家天天爭的還是利。

我自己加納房租。他們可以說：「等我們薪金到四百的時候，我們也願意作一點沽名的把戲！」

效力怕是很小！

然而在我既說出必作到。

……

也許又想收速效了！

教育不在計畫，而在青年身上所能發生的影響。這不是一時看得出的。

然而自己學問無有，影響不能很大！

……

梅是好人，精神不足。負擔也重，難有動轉的自由。

楊世故深。力氣還足。有時滑。

余有事務才，不好讀書。

全淺，老練。

孟可用，小心，條理，膽不大，思也不勇。筆快。

梁、趙、李，可近。

虞、徐、何、王（少甄）、王（維周），可化。

......

吳、莊、王、錢、蔡、朱、葉——李、戴、王 Q，當留意。

......

然而我若安於普通科主任，校中大權讓他們把持，他們絕不干涉我的小範圍。

死了也不自認無能！

大有為必須靜下氣來預備。

一時的失敗可以促成將來的成功。

文字上工夫必須用的。

......

當於在此地忍辱，南開急于用人。

自信不能勝任。

明年五哥約我去。

不過作幫手。

沒有真不朽的本領，就是有全權的機會也怕不能收全效。

「持其志無暴其氣！」

9 月 13 日

開學已一星期。

大學無教務長席。用英文討論的害處。

反對的大有其人。從三科主任制通過後，反對覺得勝的滿足。

二月十七日通過。從十一月起的攻擊果然成功了
（實自四月匿名信起）。

日記上：二月十八日

「五哥說過，如不改態度早晚一定失敗！

這是第一次的大拙折。

『威不足以鎮人而妄夷之，惠不足以感人而妄居
之，不智也，禍于是伏焉！』

失計是昨天在會場上沒有自己讓步。我早有只管大
學普通科的意思。被人攻下來自己覺著很無聊！

這也是爭權不免的結果！

……

別人在後面有陰謀的作用。

小人私利的陰謀在什麼地方都不免的。

求自己正大光明；不貪權，只為公。

現在不能退。如退他們一定說因貪權失敗而走的！

只可正身，不頹喪。『虛我觀物，畏天恕人』。

能處逆境更可看出人格力。不在空有此念而在實行
出來。

為事想。為中國將來的領袖想。

有自信的勇力！

……

下年一定減薪。

只作普通科事。再給我高的地位一定不要！

周圍是安逸。舊生將來都有出洋的機會，影響他們
是很重要的。新生也應有人格的榜樣。所以在此不只不
能退，也不應退！」

又日記：二月廿一日

「有計畫的人都想自己作主。常被眾人縛束，不能有為。

大家不願有人『管』！他們都怕我『專制』！

在我不怕失地位，只怕沒有事作！

然而想作事自己的預備還很不充足。為人——學問、辦事、待人，都當努力研究。」

……

二月十五日已有自覺在先：

（一）去年十一月間的攻擊還有再發現的可能！（果然！二月十七日的失敗！）

（二）時常不忘，我的中國、外國學問實在都沒有根柢。

（三）自己的名利心絕對不比別人少！爭權爭利（保守地盤）的動機是常在念頭裡的！

（四）常不免用手段！又多疑少容！

（五）懶惰，任性！躊躇無決斷！

……

最近兩天有以只管普通科為辱的念頭。

別人以為有大學教務長一席。

作事，不要人承認。清華新方針是誰擬的，何必要人知名？見你的意思實現是真樂。

退下來自己用功是最上策！不與人爭。

教育實在功夫是自己長進和影響青年！

無欲速！

大有為在四十以後！

完全卑讓！不露鋒鋩！

……

多聯絡新舊同人。

全無成見，去拜訪或請飯。

與舊生開茶會。

冷傲是小才態度！

9月14日

看前一星期日記。

不爭眼前名位！

只要我在此處不是貪安逸，辱就可忍的！

所以不走的，不是怕別處待遇不如此地好，實在因為自己主張沒有作出。今年後比暑假前走開較易。兩年後更易。

9月15日

論理班兩次失敗。還沒有想出好教法。預備時候也太少。

大學斟別也有問題。

對於公事有些忽略。辦事是我一點小才。學問既無專長，辦事再不小心，將來一定要大失敗！

昨晚在元任家吃飯。他西洋學問，如科學、音樂、文學等，可算有根柢。

若是學校沒錢，人才如趙、如梁，一定請不到。

辦學校的人若真有學問，如 S. Hall，也可影響一時。錢又少，主持人又沒有真學問，這樣大學難望有好

成績。

只於野心毅力，而沒有真學問，如有錢也可有為，全力去弄錢是伯苓不得已的苦衷。然而全國亂到如此，那有人肯出錢辦學。想從政府裡得怕不易。

能得錢是發展中，人最佩服的。

實在無法得錢，才來注意內部的整理。

⋯⋯

現在有機會同學問家接近，抱定一個主要的學問實在作工夫。現在急待研究的有兩個問題：

一、論理學（中西都當注意）。

二、大學教育的沿革（也含中西兩部分）。

在這兩個問題上，本年一定要有些著述。

有了系統的研究，自信可以加多些。

⋯⋯

這樣毫無學問的習慣和成績，那敢驕傲？那應爭權位？

安心在小事上！材料不夠作大事的！

9 月 16 日

昨天新買腳踏車到了。多一種活動工具。

9 月 18 日

論理班昨天預備很用力。為一小時用了五小時。

越忙越要精神歛！

今天有：舊生改課，新生下星期時間支配，週刊新聞、學生會、大學教務會議、外國教員讌會。

9月21日

看前一星期日記。

大學分班還有問題。

周刊上又講到「處亂世的人格」。我自己真能刻苦？能完全看破名、和位、和利、和生命？能完全捨己為人？

說了大話，學生信了後來要賬！

……

空度日，忙了有什麼用處？

什麼是我思想的系統？我的著述？

稍能辦事而已！

現在想成功，必須自信，和使同人相信。

9月22日

七時騎車出去走一遭。秋意深了。

五嫂在協和醫院。今天或明天進城去看一看。

9月24日

昨進城到協和醫院。

五哥從政府果得每月五千，辦事本領！（沒到手！）

9月25日

天未明一夢驚醒！又有所畏懼！

小驚立刻心跳！也許先有生理上作用而後有心理上感覺。

易動心就是膽怯。不能大有為在此！

在此地怕因為南開關係起嫌疑。

在南開怕因為在清華所享的安逸使他們生忌批評，以致失去退身地步！

如果在清華完全無私，絕不偏袒南開，也沒有攻擊某派的言動，只於本著事理和大公的存心，就是有人猜疑，也可毫無畏懼。

在南開方面，如果看出我在清華不是為求安逸，真想實現我的主張，什麼時候我覺著沒有在此地的工作，我絕不為安逸而不肯去，他們想可諒解。就是不諒解，將來自有公論。

……

各方都不敢得罪，自己也沒有一定主張，……生活只為得他人的歡心……這是真 Coward ！

……

人怨我侷促，罵我怯者，……當然！

人恨都不配！只可憫了！（所謂「姊」性者！）

……

膽量我遠不如伯苓！

……

完全陰很，也有可說。外表像很厲害，而裡面實在沒有一定主意……一定要失敗！

人已看穿，又何必再見？

若不服人，惟有產生反證的根據，作出給人看。

……

文字上必須有出品。言語不可靠。各人聽法不同。

一段話兩個人聽，必會聽出兩個意思來。文字是較比可靠些，至少有再讀的可能。

文章必須能作，必須常作！

自信最弱的在文字不暢達！

他人作手筆，可恥，也不可靠！

文字上不便利，也絕不能任大事。

看得既然如此清楚，就應捨去一切專攻文字。

一時的小得失小主張都不重要，他人的輕視和誤解也可不去管他。現在只看什麼地方，什麼事，什麼工夫，什麼人，使我的文字最得長進！

文字尚不便利，絕不能任大事。

人懂不懂，贊成不贊成，都不值一問。

一時主張的成敗也應忍過。靜以待時。

教窮書，作小事都可以。

先試在任現在的事時，公餘作文字工夫，如不成功應忍辱忍貧，捨事而不捨文字！

文字就是學問的表現，學不足一定不能有大成就。

真正辦教育的成效，在以身作則，空講提倡學問，而自己沒有真學問，將來影響不能很久，不能很深。

南開固然是百年大業，然而內部的人必須真有學問而後影響可以真久遠。

我所有的一點辦事才，伯苓比我勇力多，見事明，有決斷。我現在不能真正助南開的短處。

或在此地——就是到南開去教書也可——深究學問是我現時的天職。學成後再想大有為！

……

完全打破各種行政上的野心——出世在未齊備前成功一定不可靠。

在此地可，在南開也可，行政的權完全不爭！在四十歲前，不去作行政的活動。

讀書，教書！——作一點行政事，而絕不以之自驕。主張成功失敗也可不必過注意。在此地，如大主張不能行，惟有辭去，到別的地方去讀書教書去。

……

所以現在絕不羨慕辦事人的成功。能辦事是很可佩服的。但是不想與他們爭榮。

別人用陰謀，更可不理。

我只時刻不忘我的文字還不便利，學問不夠深遠。

……

今天下午到天津去。

9 月 27 日

今天從天津回來。

昨天到八里台大學。見著幾位教授。

晚同五哥談。又同琴襄長談——讀書、著述、將來計畫，他能了解。現在對南還不能有特別供獻。

五哥引寄梅悲觀例說，人被打擊一次以後很難再有同樣的信心！

取定方向，量力而進。

……

晤人遠帆閣。

曾對鶴稱「春陰」！諷、怨、責、侮？

必自侮而後人侮！

是否少壯氣，過細近陰？

⋯⋯

寫幾篇文章而自滿，這是新舊文人的俗氣。

空空洞洞在小處注意，找不出一條真的新路來！

給人前進的路走是人的渴望。

自己前進的路先要打定。先救得自己。

9月28日

看前三星期日記（自開學後）。

弱點和前進的路都看得稍清。

人閒我忙！人可空想，我不應空想。

弱點：

各方都不敢得罪，自己沒有一定主張，生活只為得他人的歡心。

前進：

行政權完全不爭，學成後再想有為。專攻文字。

一年後退，學校可無問題。

專心讀書的計畫要早想定。

9月30日

廿八日晚，校長來談去英事。

他本不想久。然在走前應作一結束。

董事改組是在新校長產出前應作到的。

如何改，要早建議。

曹去我亦去。政策上是很好的分段。

校事人才比我強的大有其人。威惠學問不足服人。小拙折已經過。大打擊要一落難起了！

去後，求得長進學問機會。

行政，若與多人接洽，一定用盡精力，再難得暇讀書。

教書或與少數人接洽的行政事較相宜。

......

雖去，給後來人計畫清楚。

已作到的政策，要報告出來。一件事作的完善，然後人才信你作下一件事。

10月1日

近來看梁任公：「中國韻文裡頭所表現的情感。」

他能背誦的真多。記憶恐怕是我這生不能有的了！

記憶壞的人可以長於那類文字？

……

去找新事，不與人爭已成局面裡地位——能如此，阻力少些，成效多些。

承認已成局面的相當部分，容而納之。

給人留餘地，就是給自己留餘地。

……

淺的人必薄！學問上加深，自然也可以多容人了。

10月2日

中秋。

不免厭煩。文不成文，字不像字！德學都不足為人領袖。

人造出一種膽小若女子的諷刺。

我是真怯者？

粗笨北人那敢問文思！

自有主張。人自信有時過甚，志通皆非其匹。

反證人的推測！

……

非詞達不再造。

辭如何能達？

偶爾看一點文學作品，或受輕視的激刺，一時想起文不便的可恥。過去又忘了！

我很渴望一個系統用工夫的機會。或者明年只教書。

文學根柢太淺。怕一切都是妄想！只於是羨慕別人的榮名！好名而已，不是真文學的興趣！

10 月 3 日

漸明自己的真材料。以往用騙術的時候甚多！以機警取勝！

學問沒有，不待言；藝術也不過是假外面！

中文連一個字條都寫不出；英文也沒有一點把握！

唱些道德上的高調，而自己品行不佳！

10 月 4 日

真價值既然如此，往前如何進行？

10 月 5 日

能否忘掉自己的無價值，專心在一件完全為公的工作上？

校不得富家子女！

不能棄職。

……

午後。

看晨副上引一個哲學家說：

「要與你的對手相當——這是一個正直的決鬥的第一個條件。你心存鄙夷的時候不能搏鬥。你占上風，你認定對手無能的時候你不應當搏鬥。我的戰略可以約成

四個原則：

第一，我專打正占勝利的對象——在必要時，我暫緩我的打擊等他勝利了再開手。

第二，我專打沒有人打的對象，我這邊不會有助手，我單獨的站定一邊——在這搏鬥中我難為的只是我自己。

第三，我永遠不來對人的攻擊——在必要時，我只拿一個人格當顯微鏡用，借它來顯出某種普遍的，但卻隱遁不易蹤跡的惡性。

第四，我攻擊某事物的動機，不包含私人嫌隙的關係，在我攻擊是一個善意的，而且在某種情況下，感恩的憑證。」

……

校事出問題。

又惟從自責入手。

我的短處，不用隱藏。

至少還有愚誠。

人格力是最後的自衛線！這再敗了，那就毫無生趣了。

……

打過這一陣，再作久遠計。不能失敗而走。

10月6日

最後的力量是爭勝！

生活為爭勝！

我的本領有限我承認，然而自從任事以來沒有失

敗過！

　　辦事的自信還很夠。區區文字工具的小便利我不如他們，然而論識見、條理、愚誠、膽量，我還敢和人爭強！

　　將來大有為，文字工具必須備的。

　　為料理校內現負的責任，力量足可自信。

10 月 7 日

　　三制的失敗不是完全因為本領問題。

　　然而不能「中西兼優」也曾被人批評。

　　居人下是不甘心。

　　自量居人上力實不足。

　　不平心情，主因在此！

……

　　一生永不能出人頭地麼？

　　只要專心下工夫，那怕不能克服文字！

　　當於任職，不能專心。

　　這步苦工夫不下，將來永居人下了！

……

　　改造清華的思想大半出於我。因為文字不便都讓別人用為己有去了。所謂研究院、專門科草案都是我擬的。現在用我意思的人，一點也不承認誰是產生他們的！

　　人情如此，已是可氣。

　　再不用文字發表出來，那就要被氣悶死！

……

氣度也要大！不同這般人計較！

人承認與否，不應管它。

大作為必須有深厚的地基。

……

午後。

最副：

「在你不能認真想的時候，你做人還不夠資格；在你還不能得到你自己思想的透徹時，你的思想不但沒有力量並且沒有重量；在你不能在你思想的底裡，發現單純的信心時，勇敢的事業還不是你的分；——等到你發見了一個理想在你心身的後背作無形的動力時，你不向前也得向前，不搏鬥也得搏鬥，到那時候事實上的勝利與失敗倒反失卻了任何的重要，就只那一點靈性的勇敢，永遠不滅的留著，像是天上的明星。」

我所能發現的信心惟有自從任事以來沒有失敗過，可自信的工具：識見、條理、愚誠、膽量。

……

這樣每天鼓吹，影響青年一定不少。

……

晚。

今天從圖書館取出許多近來雜誌上關於大學教育的論文。

因想到在大學開幕禮時，我應當有系統的發表。

自從寫完論文後（三年了）沒有作過有系統的研究。

現在用大學教育作題目試驗中文發表。

應該用寫論文的方法在自己著述上，那樣作論文工夫算沒有白費。

10 月 10 日

連放假五天。

十一月七日戲劇演講；對於大學教育的意見；前進的大計畫——都當用力。

10 月 13 日

十一進城。

昨早與五哥談。

外部不能交出每年一、二百萬的流行款。

動錢等於動命！如果你要動他們的命，他們為自衛必起反攻。他們那就要從別處想方法，攻人或攻政策。

曹的方面，你若逼迫太急，他必推荐一個願意與外部合作的人，校內或校外的。政策不政策，本來曹不甚注意。我自己去後，校事依然進行，並且也是很多人所極歡迎的！校外也沒有人理會。

大家保守飯碗。你有主張，誰也不感謝你！

這是實行家的分析。

……

去年外部已有董事會改組的草案。在顧任內幾於實現。

從這草案裡可以看出外部預備讓步到如何程度。

請曹將這草案從外部設法取出。

……

如不能脫開外部——外部為生存，不能讓出這筆準款——下一步應如何走？

大學與出洋行政上應分。

兩部分的用款雖由外部支出，然而每年須有清賬公布。

大學與出洋應有兩個董事會，或一個董事會而有兩個執行委員會。大學有校長，選派出洋有幹事長。

……

既已說出想作的計畫，人家要看你辦事本領如何。

學問不夠！「好好去用功！」

我說出看不起只有小辦事才如知行。

「必有成績給人看，那才算是才。」

我還沒有成績！

……

不可靠南。

南不過只要一個保險的！

名望必須自己去創！合作時，必須能加入新資本！

在外的經營，比現在可幫忙的小殷勤，重要得多！

……

看清眼前的機會！

或前，或忍，一步不能走差！

看清眼前的機會。

……

廣交遊。

與最少數人爭，而得到自己生活機會。為什麼白得罪許多人？

自己要度德量力。與勢力爭之前，先自問力量如何。自量不足，要靜以待時。這不是沒有毅力的人所說的話。

成功不是一次努力就好的。努力是生活的習慣。一點一點地去作。就是在一件上成功，又要想下一段的工作。

打好習慣後，生活就是努力，努力就是生活。

10 月 14 日

昨晚與曹長談。

顏大約在十一月中赴英。

曹如隨去，必須同行。（雖然勸他晚走兩三個月，一定辦不到。）

三星期內董事會能改組最妙（必做不到）。

⋯⋯

假如改組董事會作不成功：

曹去志還是很堅，

外部的勢力仍舊，

曹須推荐繼任的人。

來的人可以代理，或是正式。

代理有些不便。內外的野心家都要活動起來。特別裡邊人來代理，同事人必可造出校內不服他的空氣。

立刻受外部委派也有些困難。人可以說，你已經聲明過教育機關不應由外部管轄，現在因為急於搶得校長地盤，自己就忘了向來的主張了！

⋯⋯

董事會能改組，那是最好了。

然而將來執行人分或不分？

若不分，校長職務兼管大學和出洋。兩方面都按計畫進行，一個人可以辦得到，不過受敵方面多些。為兩種方針都有完善的政策起見，執行還是分人較好。

若分人，界限如何劃清？

現在預算是混在一起的。將來選派新生經費還容易分，在校舊生的經費如何能和大學完全分開？怕辦不到。

為我得一個較易的位置麼？

……

量力度德！

德學在不能服人前，專心培養根基。

……

以往的拙折──被人利用，陰謀，──使我這次特別小心！

各人為己。別人利用，時常不免。

不輕信人許的利益。絕不期望過切。得著固然可喜，得不著也早有預備。

……

人多事少。

只要有利，無論如何無恥的事都有人願意作！

你辭了，別人更喜歡！

一時高興，自以為漂亮！過後誰來問你？

誰都不可靠！惟有靠自己。

這像是罵世，然而社會實況的確如此！

小心，不要有失敗。人很少原諒！

……

掌權是最大的引誘！

拙折過，不再失敗！上次也是早定不爭，然而臨時又被引誘！自量實不足膺重任。

除非真有把握，不要貪一嘗試。

行政必須見許多不願意見的人，管許多不願意管的事，說許多不願意說的話！

時常有敵人在暗地裡計算你。此地至少有二、三人很精於計算！

作上行政事，再想得讀書機會，那就很難了！

在年青時不專心讀幾年書，將來只作一個小行政家，那要終身痛悔！

不要終身痛悔！

……

董事會改組，粗粗想過。

不完整的思想，專預備給人利用！

不完整的思想專給人利用。

自己發達自己的思想到細微處。未成熟的思想不要空空說出，輕輕放過！

懶，不能大成功！

……

我理想的大學校長比現在的我學問高，經驗富，德望和厚！

以現在的我為校長，我自己是第一個要反對的！

10 月 15 日

曹之用王，不免有「鷸蚌」的手段。

我怕人利用，人也未必不怕我利用！

相猜太甚，事必無成。

10 月 16 日

明早赴津。南開廿一周年紀念，科學館開幕。

……

聽說江浙已開戰。馮、吳合而倒奉。

關稅會議恐開不成。各國也許提出共管。

若有戰事，顏或不能去英。

曹若不動，校事不爭權。年終或可變計。

在新問題發生前的覺悟：

生活只為得人歡心（弱點）。

行政權完全不爭，專攻文字（前進）。

作小行政家無聊！

然而有文章才麼？

10 月 22 日

十九日下午回校。

在津得著很深的感想。

我是從一般窮的平民裡產出的。

五哥是創業者，從常人中拔出！

我也不應放過機會！

長進，成功，都應獨立去幹！什麼時候南開用人我

必負責！

……

這幾天看 Keyserling「一個哲學家的旅行日記」。

昨天 K 令妹來校參觀。甚巧！

……

人有官習麼？通煩行嚴作中。趣事！

……

前天同大學學生談話。

推廣經驗，尋找根源。

能拉起多數人！

什麼時候有在清華為享安樂的存心，立刻應去！

一般人糊塗，責任在我。

一般人貧窮，責任在我。

一般人只爭名利，責任也在我。

長我自己，必須拉著大家一起長！

引大家的問題到我裡面，然後用力在我裡面先去解決它。真能勝過問題後，自然人就受了我的教導。

所謂救世用自己作工具！

10 月 23 日

戰事如延長，內政一亂，英使不能赴任，校事可暫無變動問題。

前進可以更力：

「行政權完全不爭，專攻文字。」

動機、決心，都十分充足；只於沒有能持久有步驟的方法。

或從尋根源入手。苦功夫，拙功夫，必須用的。

時間不夠用！

先賢讀書方法未比適用於現代。

……

一、認清問題，定範圍。

二、方法之假定。

三、假定之推測。

四、試行之效果。

……

一、認清問題

所感覺的困難：

尋常文件不能寫（如函札、報告等）。

缺少著述的工具，無論寫戲劇或教育、或哲學都覺手無寸鐵的兵器！

文字不夠用，還講不到文學，也講不到讀古書。

問題的一部分可以縮小到多識字。

文氣不通順，必須多背誦。

這是工具的根本兩部分。

多識字、多背誦。

至於文件的款式，學術的義理，或文藝的特采——都可以分門注意，增廣見聞。

……

二、方法假定

識字：

記說文部首？讀李恕谷小學稽業？

立記生字小冊，每天記若干？

多用字典，每逢生字必不放過？

背誦：

精選已往承認為基本造就文氣的文章。

用多讀郎誦功夫？

著作：

自測最深的興趣。

先從一門入手。

擇定後，搜羅以往的成績，中西兼顧。

……

這些方法都可試行，無需理論的推測。

10 月 24 日

昨晚本校南開同學聚餐。

學生對母校感情全看母校本身進步如何。

如學校興旺，辦事人名望增高，出校生自然願意與母校聯絡。人情之常！

10 月 25 日

昨進城。與在君晤談。

政局看不出頭續來。無論什麼能統一的權力總比沒有好！

社會這樣不安寧，什麼實業教育都不能發展。

南開想在銀行界中得些幫助，將來更難。

從在君評判人話裡，可以得以下幾個標準：

一、貴有決斷。手段不辣，不能成大事。富於感情的人容易無決斷。

二、要有生活力。半死半活是最無聊的！

三、不要潦倒。倒下去，沒有奮鬥的機會，與各方面消息不通，論事論人的見解也不準確。

在君不大贊成適之作行政事。然而他也許願意「試一試」。

……

與在君談後，覺得對于中國大事太不明瞭。本身所注意的，只於在如何長進文字，如何得著小地盤。見解窄陋萬分！交際、學問，非常幼稚！

是天生材料不大麼？

或是經驗、時間都不到？

看定方向後，要用全生命力量去幹！現在不如人，只要知恥，再有能決斷的努力，他們無論什麼樣的成績都不怕他們！

惟一方法：不放過一個眼前機會。

10 月 26 日

決斷不強！

所謂可自信的條理和愚誠，沒有決斷也必無成就！

10 月 27 日

昨天校務會議代表選舉。教授互選四人。

事前運動而獲選者一人。

這種行為有失教授尊嚴。然在北京各校習以為常。

曹說可以勸他自辭。他必有一番攻擊。

現在不理他，讓大家使他覺著無味，也是辦法之一。

他在裡面，可以有機會搗亂。

現在推他外面去，他也可以有意為難。

兩害比較地那一面輕？

現在不理他，還怕將來教授間多「政治的活動」。

……

是我自己怕他攻擊？或是為學校大局想？

作人總要力量足。畏首畏尾算得什麼人！

10 月 29 日

遇事不夠鎮靜的。所以容易急轉方向，像是手段不辣，沒有膽量堅持到底！

自己國文不應用，連文案先生們也不給用！他們自然覺著非他們不可，要挾的態度和手段都要來了！

利用環境——請教梁先生書法。

10 月 30 日

下午。

今早校長同我談，陸批評我在新大學教務會議態度過厲害別人不敢發言。

有無事實，另一問題。

他如此說，一定有不滿意於我的地方。

我上次與他談話，有一點太不給他留餘地，爭辯過甚。

……

曹對于董事改組問題，已與莊、王、陸談過。他們不贊成把學校大權轉到一般所謂教育界手裡去。

外部辦不到，校內人也不願改組。

以致有人怕梁將來要活動！

就許有人猜疑，若是「教育界」加入，我的地位更固，勢力更厚，他們爭利爭權機會更少了！

我不能使他們覺著我是能給他們加大飯碗的！

想得大家贊同，只有本領無用，必須與人同爭利！

10 月 31 日

新生有疑普通科制度的。以為專門訓練不夠與他校比的。

少數有怨言，因此提起多數不滿意。

預防出洋問題的復活。

師生都爭利！這樣環境能產什麼英雄？

社會上都是如此！

11 月 2 日

墨汁用松煙，小字習張黑女，大字仍習長樂王。

……

從上星五到明晚一連五天酒席。人民生活在這種窮困的時候，我們的奢侈未免過甚！

……

看 Romain Rolland 傳。

求實現完全的美善的——盡量發展的——真自己，必須作一時不求人知的功夫。

行政事是常要使人知的，把自己放在人前面好給人作榜樣、作領袖、作指導者。常露在外面的，日久了必至枯乾，必至淺薄，必至「患得患失」。

求真自己——理想可能長進到的自己——那是生活的使命。

我所有的理想夠行政用麼？行政容我實現理想麼？

人群生活向來是不合理想的，所以不得已要用美藝，要用禮樂。

作理想家必須用藝術。而最要的工具是自己，因為是自己，所以比較地可夠些，所以理想才有實現的可能，所以各種藝術生活——也就是理想生活——必須從自律入手。

自律：

一、自知深切——不過驕不過謙，不高興不失望，分明己之所長與己之所短。

二、自制堅強——能擯除一切名利，肯下人不能忍的苦功夫。

11 月 3 日

校長事不問。

此地生活太奢侈。師生不免以利為先。在這樣空氣裡能否產出英雄來？

這也看我的動機如何。

若是我存以個人的愚誠多少影響大家向理想方向去走，那末我還不失作人的自重。

若是稍存與人爭權的念頭，不顧教育的使命和個人的真本領，那就自己限制人格的長進。

別人如何，不管他們。

己有的責任一定要盡。有餘力，努力大不朽的工作。

11 月 4 日

朱近來頗不滿意。有時不盡職。家事外，不免與余、何爭權。曹建議改余辦公室為副主任室。

手下人已有逼我爭先的局勢。行政事必須依人──用人也是被人用，將來為手下人必至患得患失了！

不爭權，以後步驟如何？住處？真工作？

⋯⋯

一個思想的練習。

難題：

前進的目標與途徑。

早定目標，然後態度可以鎮靜，手續可以準確。

可走的途徑：

一、繼長。

二、靜待——仍兼舊普，堅持不加入誰長問題。

三、教讀——至少五年不做行政事。

四、管留學事。

五、南教科兼中。

六、意外。

推測：

一、繼長

正——

（一）試驗全權辦事能力，責任加大。

（二）使野心得滿足，必可多努力多得經驗。

（三）能貫澈主張。

反——

（一）校內人不全服。批評的，和反對的，在那裡設計使此事不能實現，或於實現後時常搗亂。

（二）外部的關係，官僚氣太盛，難與共事。

（三）德學都不夠資格。大學校長應以學問為先，也須有容人之修養。年歲也太輕。

綜合起來，此事不可輕試。野心雖大，自己要萬分小心！先打破這樣念頭。決不做這方面的計畫！一定不要無基礎的高位——校內、校外、個人，三方面都沒有相當基礎。

就是有人推到我身上，我也要荐賢自代。

⋯⋯

二、舊職不動

正——

（一）為事做事，現在只要勉強盡職，仍舊繼續下去，不因易長而改興趣。

（二）靜以待時，在這樣亂的社會，多一動不如少一動！空理想無用，物質方面也要注意。

反——

（一）普通科制度不堅固，師生都懷疑。制度是我創的，若是失敗，我也應辭去。制度的得失要重新想過。

（二）愧居三頭之末！易長後，對於大局更不能參加。

（三）余、朱，位置上恐有問題。

（四）依然行政，不能讀書。

這一年內必須想清大學普通學科內容，解決普通科有否獨立存在的需要。普通訓練如不能存在，也要在我未離以前想好改變方法。這次試驗若是失敗，於我名譽上有關！（新制的形式或是失敗，而大學成立是成功！）

本年後是否繼續？看事的需要，不要只注意個人的方便。也看代曹的是誰。

……

三、管理留學

正——

（一）與大學分離，性質本大不同。政策與全國教育有關，留學本是舊制下事。

（二）為個人可多遊歷，中國、外國教育均得親眼看到，多交際中外名士。

反——

（一）校內財政上萬難分立。

（二）事或不足用盡一人之全時間。

（三）清華人必立起而攻我！利益私有多年了！

將計畫打好，請曹在離前分配職務和預算。能在派定大學校長之前，分管理留學為另一職最妙。如能做到，從下年起不管大學事。

多有機會遊歷，然而國文依然不通，達意依然不便！較學校事，或讀書時間多些。

……

四、教書讀書

正——

（一）預備大有為！現在最大弱點是文字不通！做教育事業而毫無學術上的著述！文字不便利，將來必不能大有為！專心攻他五年，非在文字上有成績不再作行政事！

反——

（一）家人生計。收入不如現在。住處也應早想好。

（二）怕一潦倒很難再起。交際也要少了，以後論事論人恐難準確。

（三）難得相當地點——此地？不免難為情！津？學未成不應歸。

若能辦到，這是最理想的一條途徑。完全退下來，又清高又遠見！

教書可以教西洋哲學、英文文學、戲劇、中學教

育、教育哲學、教育史（西洋）。

教書不過是糊口，志業乃在用功中文，專心著述。

自己文字才也許天生有限。將來成就，那一定不能
很高，這一層也是不能不慮到的。

……

其餘兩途——南教科及意外——都是推測也無用。
一個學未成不能作。（錢既少，須重學。無學等於無資
本，難與創業人合作。合作，必至被輕視！）那一個自
然是超乎人慮的了。

怕被人輕視自然是可慮，然而貪安逸是精神上更厲
害的毒藥！

爭利求苟安的環境是宜於讀書深造的麼？

11月5日

作過昨天的推測，往下：

一、想新假定，可能還很多。

二、增加對於已有假定的觀察。

……

以上都是思維功夫。

問題的解決，在思維方法以外，有別的方法沒有？

杜威曾說，問題自己會消散，人力有時毫無用處！

這是說問題有時不能希望思維解決。一時代的大問
題屬於這類。

個人的問題也不能期望完全依靠思維。有時道路看
不清楚，惟有抱定信心的勇敢往前奮鬥！

11 月 6 日

　　近來論理班教法還有效。這是第二年教這本書。人數少，個人有十五分鐘談話（在每次作文後，一學期約四次）。自己對于論理比以先也多明白些。教書是逼迫長進的最好方法。將來轉到用中文教，那就是出一本書的機會。

　　將來不得已作行政，也不完全離開教書好。

……

　　董事改組又停下了。

　　下星期用功夫研究以往經過及現在外交部裡手續，看他實在危險和困難都在那裡。

……

　　當於野心盛時，覺得人都不如我！完全忘卻自己的基礎遠不夠成大業的！

　　辦事知人上稍有一點條理而已，真能不朽的本領在那裡？

　　「得志與民由之，不得志獨行其道」。

　　野心在暗地裡自語：「應當是我的！」

　　得到，你只以位驕人麼？可以有些什麼作為？

　　得不到，你要灰心喪氣麼？前進是要走這一條路麼？別的路比這一條還許好些。

　　與野心得大戰一陣。要早有防備。

……

　　預備星六講演。

11月8日

昨天進城在美國大學女子俱樂部講戲劇。

因一週早造，勸前進，群通無聊也有礙。

……

為國為族，人才需要。助才何畏？

……

與志述志。

膽量是中國人最少的！

大家都被小名利捆住！

時代怯懦！努力造真英雄。

「肩擔寶劍倚崆峒，翹首昂昂問太空。天挺英豪中用否？將來何計謝蒼生？」

度德量力。達則兼善天下。不去求「長」，然而到非我不可的時候，膽大地從根本上作一下！成功失敗不在心上。

預備下年，捨開安逸。從自己下功夫起，有十年大計。

按現在看法──預備捨；有可為，長也可。

第一或第四。然而第四，絕不貪苟安。

第五有可能，然而要看能否合作。

……

對人說過大話，要看你實行力如何。

……

大學造就的學生，必須有窮則獨善其身的自守能力。一般畢業生惟有名利是圖，而學校也以多得高名位的畢業生為榮！國家多一個大學畢業，就是多一個爭名

利的人。這樣下去，國家人民的大事還有誰去作？

我們需要代表人格。這個功作比什麼都要緊！

⋯⋯

看 Romain Rolland 傳，甚得味。

11 月 9 日

前星五范靜生來校講演。以後在晚飯席上談到中國教育病在只學外國都市教育，農村教育是我們急需的。

我說出代表人格的需要——能吃鄉村生活的苦，思想與工商業文明同進。一般教育界的人也求生活程度加高，每月必須二、三百元的入款。

現在的教育走的是「此路不通」的一條道。

大話說了！

⋯⋯

下午。

今早在論理班上講到這幾天的感想。出洋與本國大學學生都是從工商業繼續發展的教育制度之下產出的。現在中國工商業大組織的發展，用不了已有的和新畢業的「人材」。同時一般人民的問題很少人過問。

理想的大學學生，應離人民生活不遠。都市無可為的時候，可以回到民間獨善其身去。

能獨立，然後有廉恥。

工商文化的人生觀一定不合於現時的中國，一切教育上的設施也自然有不同處。

如何創造與現時中國情形合宜的思想和制度——這是一時代英傑應作的。

這是我研究的題目。一時絕不能期望多數人明白。
自己去研究，十年後，也許百年後才有成效。

研究方法不外：一、用生活作榜樣；二、用著述引
起別人注意這個問題。

不應當眾罵人！（提起五元房租！）

攻的是制度，對人永表同情。

再讀習齋年譜。

設法改制度，不可棄責，只作消極批評。雖離去，
也應為事想方法。因不能實現再走，也很合理。

空得罪人，是毫無濟於事，並於進行有礙！

……

在此地：一、生活太安逸，環境都爭利。二、行政
忙，沒時間著述。

如果用行政可以實現理想，也可以試一試。然而要
量力！

信心：

自從任事以來，沒有失敗過。

上次三主任的拙折也是早定不爭，然而臨時又被引
誘。自量實不足膺重任。

11月11日

昨天新月生日，兩歲了。

……

昨晚同校長及太太及 Olive 女士進城看 Ruth St.

Denis 跳舞。看的人多數是外國人，也有些中國人。這
些人的生活在中國現時環境裡完全沒有「根」──倣
西方的生活在中國一定沒有創造能力。他們與從自然
界討生活的人民距離太遠了！西方式生活在西方工商
業發達的環境裡有繼續創造的可能。在亂世的中國覺
著西方式生活太無生機了。

　　都市人群生活已偏於不真，外國都市生活更不
真了！

　　想要真，必須與多數人民生活接近。從真生活上，
用理想化的功夫。

……

　　行政要與許多卑鄙人接觸，這樣過活有時一定很
無聊！

　　想與多數人民生活接近，應多遊歷。

　　遊歷在清華還有實行可能。鄉村生活上作試驗。

　　這是我從早就有的意思，然而還沒有實行出來。

　　應在普通科內作。

　　在鄉村上住過至少一月。工商都市生活也要經過。

　　並且每個大學學生都有一種獨立糊口的技能。

　　不去倚靠人群生活──有機會，作大遠的計畫也可
以，沒有機會也不至降格去乞憐，自己還可保守獨立。

　　教育本這主張去作，成績或可不至完全失敗。

　　作這根本思想功夫去改組生活──比作幾篇詩文閒
話又有趣味又有創造的精采。

……

　　利用暑假作遊歷生活。

國內雖亂，遊歷還可以作得到。

……

今天放假。

看Rolland 傳（完）。

11 月 12 日

昨天男僕去。更新總有些不便，常不變使人懶於變，因久失去更新的自由。

僕人都善偷！窮是一個理由，卑賤地位也使人不顧廉恥。薪水也不多，不夠生活的，不得已不偷！

相當的自敬必須給他保存。

……

今天在論理班上答問。

學生中有自以為聰明的問了一兩個較深的問題。我一時也答不出，不免想他有意搗亂。

一個教員絕不能使全班學生都誠服。

上次在班上罵人，失身分！

11 月 13 日

與朱君毅及戴志騫討論將來專科「教育」各門辦法。朱的提議不出舊轍。

莊擔任專科籌備，而對于新試驗的眼光他不甚了解或根本上不贊成。

按實際需要上看，我們今天想到與教育有關係的工作五種：

一、中學教書（附在他科內）。

二、中學圖書館管理（兼教書）。

三、體育教員。

四、農村教育倡導者（這是理想家的工作）。

五、中學訓育（兼教書）。

功課要本著各種職業應有的訓練再訂。

……

我們自己薪金都是二、三百元，而我們告訴學生不能期望多過六、七十元！

以身作則應如何作？

從六、七十元薪金生活求理想。以致連六、七十元的事都尋不到，也有一種理想可實現。

只要有事作就樂！以事為先，以自律為工具，不怕一生失敗。

看國內有那樣事必須作，而沒有人肯作，或沒有人能作。先覺可以指導青年的在此。

11 月 14 日

今早悟二我說。

二我：

（甲）注重別人對我的意見，喜居高位；懶於更新，求眼前安逸，謀別人物質上的供給。

（乙）有創造的野心，想走別人看不到或不肯走的道路；求精神上的懂，不顧人物質上的要求，努力求個人的真理。

二我不停的相爭：甲告訴乙多加小心，錢和地位在社會上有莫大勢力；沒有他們，什麼理想都不能實現。

以至個人長進也不能得滿足。

　　乙對甲十分的輕視。說甲短見，只作小組織材本來沒有很大的將來。在人格上或文藝上求獨到不朽的工作！

……

　　早能統一二我，早可以有積極的成績。

　　惟有勇和信心可以戰勝二我的分列。甲或乙，或第三者？

　　這是有生以來最重要的戰爭！

　　將來的成就全在這一戰的徹底與否。

11 月 15 日

　　群人是完全沒方法的。最懂的最忠誠的態度是助人長進。助人也有兩種方法：一、給人計畫，希望他所走的路是於他最可有長進的。二、在自己身上用功夫，使人在你前進的精神上得鼓勵；使你配作人的朋友！

　　看羅曼羅郎的 *Beethoven*。

……

　　與一群侏儒爭真理是不可免的。預先鍛鍊自己，不要因為你自己的弱點使真理不得光明。

……

　　愛真，愛善，愛美。

　　居天下之廣居，立天下之正位，行天下之大道；得志與民由之，不得志獨行其道；富貴不能淫，貧賤不能移，威武不能屈；——此之謂大丈夫！

……

看完羅郎的貝鬥溫。

貝說：

「犧牲，永遠犧牲一切生活的瑣碎為藝術。上帝在各物之上！」

這樣勇敢與信心，惟真天才可以有！

……

自信有什麼天才？

條理和愚誠──辦事的中材都有。

我有什麼使我不服人？

只是無知？只是妄傲？毫無一點本領上的根據？

為什麼總感覺一種不滿足？

為什麼總覺著我早晚必有我不朽的工作？

為什麼總看不起眾人的見解，總要想出出人頭地的計畫？

……

今年已三十三歲，不能完全從新改業。

已有的訓練和經驗限制努力的範圍。不外乎學校與劇場。

想作一時代的大師，必須在學問上真有獨到的供獻。我在書本的學問上沒有根柢，也沒有特別興趣。

學校的事業裡，既作不成大師或大學問家，有什麼功夫可以作？

在制度上──中學或大學──可以有一點小創造。然而學理不足，制度是浮淺的，是空虛的。或許有一點獨到的見解，以身作則的實地去推行，忘了自己沒學問，盡力為一個見解終身工作──如 B 之於南校──

生在青年身上的影響也可有些。這是以魄力得勝。

　　文藝裡我的天資有限！用英文寫過兩三本戲，成績很幼稚。將來也許可以產出兩三中文的劇本，那就算很可觀了！我少不間斷的 Vitality！梁、徐，都長於此。

　　文藝天才有限！

……

　　這樣看來，將來免不掉作一個小教育行政家！想幾個小計畫，說幾句熱空話，而已矣！

　　驚天動地的思想或作為，恐怕要待來生了！

　　小教育行政家！

……

　　雖然，我就安於此了麼？

　　國文不通，也不拚命去雪恥麼？

　　眼看一般侏儒爭先而不去與他們奮鬥？

　　用上五年功夫以後再失望！

　　我還是始終看不起一群侏儒！

　　用上五年功夫以後再失望！

11 月 16 日

　　心中不安，自從曹提出去英已有一個半月了。我還是躊躇未決！

　　胸中必須有一定不移的主張。

　　我是敢作不敢作？應當作不應當作？

　　若是我不作，要早去另選賢能。

……

　　這不決斷的態度就是大有為的阻礙！

審慎思維是應當的。然而見事也得敏銳剛決。躊躇人沒有能成事的！

……

看廿七冊日記，從曹談後的一切感想。

北京政局一時可以支持。顏大概在一月前後可以赴英。曹如能隨去，校中問題必須早定。

外部或不許他走開。他想在實不已時要請假一年出洋調查。

……

我自己一生的事業想在那一方？這是根本之根本！

自己也許要貪權，別人不佩服有什麼辦法？

自信、學問、德望都不稱！

自信不足——這是事實。

野心貪得——也是事實！

所以不決不安的，因為自信與野心相戰！

自信不足！

野心貪得！

……

按已有的訓練和經驗看，教育行政還是我的特長。

……

不過連普通文件都寫不通，來長大學，也是笑話！

11 月 17 日

論識見我真看不起吳、莊！

方針大半出之我手，吳來後三主任制被他們鼓動成功；現在研、專二位忘了他們是那個計畫的產兒！現在

退下來，真太可氣！

曹也利用了我的計畫，改大居為己功。他覺著他去後惟有推荐我。

……

校內反對我的很有人——說我專制，批評我不能「中西兼優」。

我實在反對他們爭名利。「有飯大家吃」！為國為民造人材的宗旨還有誰去問？

我如果是真能犧牲，真為公不為私，那就應作下一層功夫——「以善服人者未有能服人者也，以善養人而後能服天下」。

……

別人不服還是怨自己！

他們對于我的計畫都有相當的承認。對于我個人都以為太厲害，太冷傲，太不近人情，太走極端，太不讓人，太好唱高調！

若是要人群的成功，我就應在和緩有容上用功夫。

若是要個人獨到創造上的成功——文藝思想的成績——就是高傲一點也不害事。

我有時作夢想作藝術家！

細想起來，又怕把握不夠。（在君說這個時代用不著藝術）

這又是二我之爭的一方面！

自己內裡不和，一定看別人都不合己意！

11 月 18 日

在這個二我奮鬥的時候，我應離開人群，作四十日的默修。自己和自己的相爭必須自己去判斷。

我想明天或到津去一次，離開此地或可看得清楚些。

……

我對于尋常選舉總覺不大合宜中國人心理，特別是與自己有關係的時候。

我們多年心理都以失敗為最難為情的。有時自己情願讓下來，也不願經失敗的危險。

到有選舉的時候，無恥之徒把自己推到前面，而真有本領的人不肯出來經過一次失敗的危險。

「君子無所爭」實是君子的自重，也是君子自認比常人高的地方。

……

陸是無聊的小計算家！

我本心看不起小器！

然而他們可以批評我連國文都不通，那配長大！

曹是官僚，長於敷衍。校內取有飯大家吃的政策，各方面都不得罪。

我學問不足，又不善敷衍，所以必不稱職。

白經過一次失敗的可能，最好不試罷。

……

下午。

早與梅談。

一方面為自己想，將來作什麼；一方面為學校想，

曹走後請誰繼任。

兩個問題不應混在一起。

學校前進應取何方針？這是可以公開討論的。絕沒
有可怕人的。至中正遠大的計畫是大家應採納的。以至
人選開題也可得輿論的參考。

至於個人問題，惟有自知深切自己的使命。別人的
見解不能完全可靠。

……

不要把自己放在前面。不應先問我是不是要校長這
一席，而後再定學校問題。

就是如果大家認你最相宜，到那時還應力辭。

自己深造！不到有為的時候。

自己深造！

荐賢自代。

11 月 19 日

昨晚同趙元任談。二我：母遺傳，向平處走；父遺
傳，向高處走。一個看不起利位，想與平民同困苦；一
個享受安逸作個人的長進。

其實，自己的不安主因怕不在此。這樣分析不免自
己粉飾！

我實在想爭權位！怕自己學問德望不足，所以用平
民同情的高調來批評敵人。像是說，你們別看不起我的
學問，我道德的觀點比你們都高，你們都是一群爭利的
人，你們的學問都是自私，你們理應讓我居高位！

（這樣誅心，或近於事實。）若是將來因不得心裡

所貪的權位，自己走去，還可以博得清高的名！

論實在學問或藝術本領，我真沒有！

自知既已清楚，不要自欺下去！

……

也用不著到津去。B 已經叫我度德量力！

回南沒有長進機會。非到不得已時不可走這條路。此地錢多才多是無疑的。見聞自然增廣。並多閒暇用工夫。

……

晚。

此地錢多，一切教職員夫役都想保護飯碗！

不只政治上沒標準，智識界也沒有標準。道德上也沒有一定是非。

大家為保護飯計不得已用些小術。

爭權因為有用錢用人的關係。各處學校內部的紛爭，如東南、北大，主因也在此。

本校王、吳、莊的爭權，想引用私人，也都可以飯碗爭解釋。

曹去，想爭地位的一定很多。

他們一定怕如果我得到，於他們爭利上一定大不方便。他們一定還怕北方人或南開人要得勢了，每年六、七十萬的飯和肉都被我一派的吃去了！

互相猜忌，事必失敗。

我也沒方法訪問莊、吳、王等已有什麼陰謀。

我想爭，對不對很難定。為公為私也很難說。我自己覺著我的學問不夠，然論辦事的條理和愚誠還可自

信。是爭或是讓？

請教幾位高明也好。

11 月 20 日

昨同夢賚談。他說可以訪寄梅請教。（李、張、何、蔡、戴、虞及畢業生都聽他指揮。）

應作，然要想好步驟。

如果接手，第一年不應更動。

董事會能在曹走以先改組好。

（當於作事時，自己還可以有著述。）

……

實在我不是不願意作，是怕在得到手以前出什麼意外，還怕既得之後有什麼人反對。

換一句話說，我已是「患得患失」了！

所有談到作學問、作藝術，大概是不自覺的預備失敗時的自衛。

……

曹利用了我三年。因我愚真，自己作了許多的敵人。如果自己聰明些，這幾年應自己多讀書少管與人有礙的責任！

到現在自己還不能忍讓！

B 曾說過，你認真誰知情？

這個機會如果失去，這也可算是一次大失敗！

然而也許是造就較深根基的動機。

機會不可放過。一生的成敗在你自籌！

……

本星期不去津。B 是崇拜成功的。失敗了他一定輕看！回南的那一條路現在是死的！必須自己在外造名望造資本！

在君也說過南校是 B 的事業。這是明指我應獨立！……

擔任後自己敢相信。

現在把握全在曹手。他走不走在他，董事會改組不改組在他，推荐不推荐也在他！

我態度上惟有淡淡，無可無不可。

不必得罪人！不可使人怕！能以德懷最上，然而至少也要能忍能容。

11 月 23 日

廿日去津，昨早歸。

得 *Mind and Work*，重看。

改變態度——樂觀！

往好處想，注意人的好點，鼓勵他們自信。對人有信心，大家都可高興。

在學校二年半已有一部分成績，這是可喜的。就是現時離開也應滿足。並且經驗學問也不能算完全沒有長進。

所以現在自安。

將來如何，我不能有把握。惟有對人的信心和緩進態度要常保守的。

11 月 24 日

顧理克說：

「大問題可以分開作。至少為實行起見，大問題總可以縮為幾小段，每小段分頭治理。我們無須永遠兩個眼瞪著整個的大問題，愁它的大、它的難，和它緊急的要求。」

這段教訓很可幫助我解決國文不便利的大問題。

這個大問題曾分為：

一、尋常文件不能寫。包含文體和字形。

二、缺少著述的工具。

用功不外四途：

一、識字。

二、背誦。

三、博覽。

四、習字。

每天分一小段來作。作完了，自己得一點滿足；不至於永瞪著整個的大問題去發愁！

沉下氣去用功夫，日久天長成績自見。

……

對于繼長問題完全冷靜！

與幾位談，大家都覺先決問題是董事會改組。

曹走以先能改組最妙。

新董事會再定校長人選。

如果推荐我，我再看情形能否擔任。

董事會若不能改組，那時我至多只於答應代理。

這是最終決定的態度。

……

夢賚提醒我注意：以往幾任校長的運命。

沒有一個能長的。

所以在上台以前，想好下台步驟。

萬一失敗，不至如仲藩無著而下，也不至如王、鄭的忍辱抱定飯碗不捨！

11 月 25 日

昨晚勵社學生來談話。

如何增加互信？

我答：

（一）自信。

有「根」然後能長，然後能信，然後能樂。

有「根」須用兩種功夫：自律（人格、藝術），同情（能寬，能深）。

（二）信人。

性善說是 Will to Believe。引習齋存性。

你決定只注意好點，人的好點也會加多。

……

說後我請他們小心我的話不是我自己已經能實行的！

……

看 *M & W* 第八章。

11 月 26 日

看 *M & W* 第九章。

……

曹既得外長及董事會同意，對于董事會改組及繼任問題一定不如以前認真。

以前他怕若是找不著人繼任外部不讓他走開。

現在他自己目的已經達到，至於其他問題都以不得罪人和易於實行為限度。

或如此，仍信他為公為友心。

董事會若不能根本改組，有什麼別的方法？

人選若被官僚支配，應取如何態度？

……

將來可認為成績的，不在制度的改革，而在所影響的青年。

最可影響青年的還在自己德學上的成就。

成績在所影響的青年。

11 月 27 日

看 *M & W* 第十章意志的疲倦、第十一章休息意志、第十二章意志的節用。

這三章很有精采。

……

昨晚在意志已疲倦的時候聽說有人寫文章攻擊我，要登週刊。編輯沒有給登；以後不知如何。

聽後，不免有畏心，立即訪那位去，請他演講。

怕什麼？不依靠公論，惟信我良心的主張。

他們不佩服我，總有他們的理由。

在我仍是信仍是樂！

　　我自信本不佩長大。到不得已時，為繼續政策起見，只可維持過渡這一段。什麼時候有高明，必荐賢自代。

　　仍信，仍樂！

……

　　今天不見校長，不與人談校事——休息意志。

　　什麼我喜歡作，就作什麼！今天鬆一鬆。

……

　　晚。

　　本期週刊有兩段補白：

　　「盛世創業垂統之英雄，以襟懷豁達為第一義。

　　末世扶危救難之英雄，以心力苦勞為第一義。」

——曾文正語

　　「處亂世的人格：

　　高高山頂立，深深海底行，

　　不問魚有無，直須水至清。

　　疾風知勁草，歲寒識松柏；

　　舉世溺濁流，橫天一柱石。」

——見華國月刊

……

　　本學期週刊空氣很正。

　　青年易被理想生活所感動。

　　我提倡過處亂世人格。他們要看我能作出什麼好榜樣來。我的言行，我的動機，都有人注意！

　　現在不爭，這不過是消極方面。

　　積極方面應作什麼功夫？

自律、同情，然後「有根」。然後自信。

信人，然後自樂人樂。

……

孟子知言和善養浩然之氣——我能自信和能信人！

自信然後無畏！也是養勇功夫。

信人然後無憂！這是存仁功夫。

11 月 30 日

北京國民黨得勢。

錢端升近來寫批評清華的文章——「應外界之要求」。

外界利用內部不滿足的分子——與馮用郭是一樣手段！

我既有自信——我所擬的方針足對得起國人，又我是早不相信貪高位要大薪金的——現在很可鎮靜！

到不得已時，為保護真理指導青年起見，我發表我的主張。

我不慣發表，因為我對于所謂「社會」的沒有看在眼上！

現在假借民眾的名來起革命。

教育界現在佔勢力的必被攻擊。

……

我們在此地飽食暖衣，受人攻也應當！

我已有預備。完全沒有現在的安逸也不怕。我自然比錢先生看得還遠些。

12 月 1 日

錢的攻擊我還沒有想定對待方法。

他想改組清華的動機是什麼？

大家都玩政治，張、錢將來怕被「外界」利用。他們自己的事，別人不能管。

看過錢文的人，外面大半相信他的話。此地養尊處優，早為人所忌。實在不應如此安逸。

假設我是北京某大學的一個教授，每月拿不到薪水的一半，為過活計負債已經很重。現在天又冷了，煤要三十元一噸！又饑又凍，積怨已深！而在清華薪水是準拿的，住的大樓洋房，暖飽以外還有許多奢華！同行人一定不平！

清華的安逸是沒有根據的！早晚必敗。

⋯⋯

在校學生全數出洋也是弱點。

⋯⋯

再過幾時，到他們攻我個人或是我的政策的時候，我可以發表我理想的清華改造。

一、出洋利益必須與學校分。

二、生活必須與平民接近。

三、學制必須有創造精神。

⋯⋯

不圖自己的利益，惟求理想實現。

⋯⋯

「民眾」的領袖雖然造謠，為私——我對他們保存同情。

同時自己預備下野後的工作和地點。

12月2日

吳稚暉在京報副刊裡有一段：「官歟？共產黨歟？吳稚暉歟？」內中有幾句罵章士釗，有一句與伯苓有關。

「止有拍教育總長馬屁的通信來捧」。

並且伯苓的信又批評了一切別的學校。

國民黨得勢，於南開真接或間接不利。

美國派，基督教，拍馬屁！

伯苓之弟也是一樣的不可要！

……

造新理想，先作個人功夫。學問或事業──十年後或百年後再求社會諒解。

必須能用筆，不然要被人氣死！

……

晚。

人倦則畏生。

完全無校長的貪心，所以不怕他們有什麼陰謀。

家有家的樂。小孩有小孩的樂。

教導青年有樂。研究學問也自然是樂。

又何必去患得患失？

他們誰要作校長就讓誰。讓他們取攻勢。我完全自知自信；度德量力。

我有我的工作。緩和不息的前進。不欲速，不見小利。

完全以同情和信心對待攻我的人，如一部分的畢業生。我一定讓！以後很有合作的機會。將來我離開此地後，又何必留下一群仇人！

……

南開很成問題。經費太困難！不是因為經費也不至於去拍馬屁！錢雖是重要，然而也要保守人格的尊嚴。伯苓因錢過勞了。能到歐、美、日遊歷休息一年最妙。

能想出一個錢少而使大學有精采的方略——這是南開最急的問題。

答：造就南開一份子的學問和德望。

12 月 3 日

唱歌是我工作以外的樂。

看 E. F 第三、第四章。第四章特別對症。

「樂以忘憂」。從積極樂上用功夫。

12 月 4 日

看 E. F 第五、六章。

貌取勁直。

肋骨激烈活動每天五分鐘。

室外呼吸半點鐘。

每星期留一天專為遊藝和休息。

……

這幾天夜裡睡的不好。

精神很頹倦！

幾層愁畏同時壓下來：

一、校中人反對。怕一般畢業生有較大的結合。

二、家多擔負。處此亂世少動轉的自由，並且生計問題也不是容易的。

（怕失敗！怕不自由！）

三、伯苓或走了錯步。南開受攻擊於我也不利。

……

精神疲倦因為這三層慮 Worry！

在校內地位從早就有問題。現在發表出來可以早使我自覺。總因我有可攻之點。然而他們的爭權位也很顯然。

要想出如何處這樣環境。

在未決定手續以前，惟有守鎮靜大方的態度。

我有我的理由，絕不患得患失。

我是完全為公，完全無懼！

……

家多擔負，所差有限。

於個人發展自由不應有礙。

抱定自律、同情、信人，三樣功夫。

只要每天有一些進步，別人取如何態度可以不必管他，更可以無須怕他。

……

今天覺著疲倦，就應尋室外活動，多取樂的態度。

12月5日

昨天聽說錢是與北大的人有接洽。張、李與聞。並非畢業生的團結。他們若是成功一般舊職員必須更換，

一般舊教員將來也在被擯斥之列。

現在要與校內人聯絡。錢所批評而有理的想法早使實現。他所說的沒有理的寫文章去駁他。

陸也寫文章間接毀我名譽。為保護真理起見我應當辯駁。

文字不便利！

並且也要看時機。現在我答他們顯明我有心作校長。

他們最反對的是我來長校。

他們很可以說，我不是名人，也不是學者。他們並且極不願意一個有主張的人來長校。「專制！」

我免不了因為我的偏見不能容人。又因為過於認真，或說不讓人的話，曾得罪了人。

不是名人，不是學者！

然而我在此地兩年半的成績，就讓他們幾句話給一切抹煞！

雖然我的學問淺薄——中國文不通，法文、德文也都沒有學成，也沒有過驚人的著述——我的識見和愚誠還可自信，並且辦事的條理還算不亂。我所最反對的是自私和以文字騙人！

清華的真改革，不是在制度上，還是在精神上！

……

「改革清華的步驟和目標」。

這篇文章必須我自己寫的。

再看一看環境的情形再發表。

材料早預備好。他們因為我不好寫文章欺侮我！太

可恨了！

　　已往到重要時候，沒有失敗過！

　　現在我認什麼為成功？

　　我的識見高遠，步驟精審，存心為公。這是我認為成功的標準。

　　沒有失敗過！

12月7日

　　昨天進城。今天下午回校。

　　在城裡見著筱莊及孟和。

　　對孟和談到校事。一般留英人——現代評論諸君——對曹很不滿意。大家都贊成適之。我自然同意。

　　曹不走絕談不到人選。

　　無論如何我一定不幹！自己不配學者。

……

　　進城牙補好了。一樂！

　　家不多口。一大樂！

　　以下自己快快作學問！

　　為己，為學校，為南開，為國家——都惟有走這一條路！

　　快快作學問！

　　新自由！「不加口！」

……

　　成功標準：

　　識見高遠，步驟精審，存心為公。

……

清華的安逸是沒有根據的！早晚必敗！

……

自信：自律（人格的、藝術的）。

　　　同情（要寬、要深）。

信人，然後人樂，自己也樂。

……

不是學者，不是名人，完全無作校長的貪心。

……

快快作學問！為己，為南，為國，都惟有走這一條路！

12 月 8 日

新自由是動轉的自由；也是人能勝天的自由！

新自由給我新力量！將來一定能成功！

……

學問分段去作；不是完全無把握——思想清楚的人一定能練到會寫文章！

……

安逸地位全國有限。那類人應享？有人說，在校舊教職員不配。所以引起外人攻擊。

「學者」應享。然而誰是學者？

能發表文章的人；

中西學問兼優的人；

讀書多而思想精密的人；

得中外輿論讚許而認為真有成績的人；

存心為公而能辦事的人；……

現在全國沒有一定的標準。

然則大家就可按己意來搶嗎？

有了好董事會，大家稍好些。希望完全沒批評是不可能的。

12月9日

昨晚曹約去談繼任事。

大家對我最不滿意的是太「凶」，太「拿人不當人看！」

錢反對我最大理由在此；——據曹說。

人一見都怕！

其實外面厲害，內裡很怯懦！

看不起人，和猜疑人——的確是我的病。

量小，是有之的。別人無理的行為和言論，我立刻就想指出他們的錯誤。這最易得罪人！

孟子的話是從經驗得來的：

「以善服人者，未有能服人者也；以善養人而後能服天下。」

這是助人自得的精神。

……

曹大約在一月內就要赴英。走是一定的了。

外面找人，較相宜的是范或胡。范已有事業，總不願捨易就難。並且基金委員會也是很重要的事。胡對于辦事不近，將來英款的事還請他和丁到英國去。

曹還說，他們都知道你已經在此地他們不肯來。

這是情面了！如此我應急自引退，不要阻擋賢者

之路！

前天同孟和談也曾推薦適之。

一月前同在君談，他先說最相宜請適之到研究院。然而以後又說適之也許願意「試他一試！」

在學問方面適之是最相當的人。

並且他已聲明辭去北大，赴英的事完全不可靠。用一點力勸駕，他也許願意來。

來後校內如何處置一切？

實行「教授治校」，裁靡費，招集學者，廢普通專門分科，組織文理大學。

學生一定歡迎。多數教員也能合作。至於他喜作行政事與否，那在他個人。

他身體能否支持，家庭有無問題——這也在他個人斟酌。

在新組織裡，我有什麼功作？

舊制教務主任可仍舊。新制文理科主任由教授互選。留學事我可管理。功課教 Logic 及 Shakespeare 或西洋哲學。辭去大學普通科主任。教授資格，三年合同。

若不願合作，半年後可以到別處去教書。

別處一定沒有四百元的薪金！

……

如適之願來，並且是由我約請的，於我沒有什麼丟臉。我實在學問名望都遠不如他。一點辦事才也很有限。退下來自己深造是莫好的機會。

我要堅持請適之。

　　若是他一定不幹，教授一定請他擔任的，這也可以算是願意在清華幫忙的證據。

　　若在曹走之前實在得不著人，我只可以承認代理。同時用力在董事會的改組。將來新董事會選出正式新校長。

……

　　曹又說 T. L. 怕不能同行。在校半年後再讓他去。這也是內部的難題。

12 月 10 日

　　看 *E. F.* 第九、十章。

　　樂！

　　注意各人的好點。

　　學永作樂觀家。

　　別人欺騙，也可不使他影響你的樂！一笑而已！

12 月 11 日

　　看 *E. F.* 第十一章。

　　根性薄！內本如此。兩長都怕因內而有問題。秉性難移！別人不滿，也無法。

　　因短而忘其長，不是我應有的態度！

　　成敗完全在我。不能絲毫怨他人！

　　別人若不能原諒，惟有退後自修。

……

　　發現短處又多一個；爭長的野心又應冷一些。

　　請他們另尋有內資格者。

……

自修根本把握在那裡？

難說不長，就沒有樂趣了嗎？就沒有努力的工作了嗎？

……

周刊記者寫了一篇「我們所需要的新校長」。內中提出四大標準：

一、人格學問可以為學生之表率者。

二、對於教育有研究且辦理教育有成績者。

三、要有忠於教育積極任事之精神者。

四、無濃厚之特殊色彩者。

又有三原則：

一、我們要使清華發展，不是使清華退步。

二、我們要提高清華地位，不是要降低清華的地位。

三、我們須認定清華是學術機關，不是……

……

四大標準我非常贊同。

我個人是不及格的！

只要合格的人來，如果他要我在此地工作，我仍可在此地。不然，就到別處去。

「自律，同情，信人」。

內不良，我應負責。如果因此而起反動，惟可引咎自退！

自己一藝之長是什麼？

辦教育？造代表人格？

學問？哲學？（中國文字不通！）

文藝？

敢有什麼自信？

12 月 12 日

聽有人傳說莊有不願合作的表示。若是我代理他就辭職。

這是我輕視人的結果！

本來自知人格學問都不足以服人。

有幾個學生對我感情很好。他們願意看我如何治理全校，這是很好一番情誼；然而為我個人的長進，現在實不配膺重任！現在正是我應當用功求學的時候。

我的興趣不外兩方面：教育和戲劇。

這兩樣都是與人生經驗和生活的意義有密切關係的。想得人生多方面的觀察必須多與全國各種人民有接觸。行政事不敢任，一則德學不配，二則減少我自由行動的機會。

12 月 13 日

看 E. F 第十三、十四章。又看前五天日記。

今天二輪車獨遊香山。

……

晚。

早十一點起身，十二點二十分到香山，碧雲寺下。在香山飯館午飯。

下午一點半雇驢到玉皇頂。兩點到廟。繞道上山，

在松林的西南邊外尋得一石，東南望玉泉山在眼前。坐在石上看 Tolstoy, *What is Art* 第十章。

夕陽將下山西，我才起身下山。（四點了。）

下山前悟得山可為人模範——我們要學山的助人遠望，山的助人靜觀。山對人說：「你們工作而疲倦的人都請來，我可以給你們安息！」

我們也要學山無懼無爭「有根」的態度，去給一切與我們接觸的人安息。

12 月 14 日

因為這幾天怕校長不能到手，自己努力要求得一種獨立的工作。

早知道德、學都不配，然而野心總在暗地裡鼓動！

如果不快快看破這一層迷惑，結果一定自己覺著無趣！

地位不要高。借著地位作事，太容易！這是自信不足而膽小如豆的人所想幹的。自信足而膽量大的人都能「不得志則獨行其道」。

昨天在山上所悟的道是：

助人遠望，助人靜觀。

安逸不是道，爭名利不是道。

……

根本精神上的革新——所以貪高位的理由。然而自己的力量如何，自己真能「養人」嗎？

……

舊生有擁所謂「需要的校長」的。理由本很正大。

新生近來反對他們因為猜疑他們有保護出洋的私心！

這是一個很好的教訓：當於你享受特別利益的時候，你減少你主持公道的力量！

真理想生活者要從利益最少入手。

下午。

志摩電話：

張去同他說——H. H. 等最詫異曹堅持推我。他們猜想一定有不清楚的地方，要我來敷衍。H. H. 曾訪沈總長說我是完全沒有人知名，北京沒有人知道，而在校多數教職員學生所不贊成的。

H. H. 等原想請適之，適之不來，所以現在想推任公。煩志摩同梁說。並且若有反對，H. H. 包辦擔任疏通。

梁意贊成我，然而到必要時也願為學校犧牲。

他們想到梁，也因為我能同合作的。

H. H. 還間接勸我「犯不著」。如果梁來，我還可以幫梁辦事。

他們還聽說有我代理的消息。讓步可以到承認代理，然而要時刻持批評態度，有機會一定起來搗亂。

……

我很感謝這一段消息。

H. H. 等大概包括錢、莊、吳、王、陳、葉？——團體想也沒有如何堅固。

我為什麼博得 H. H. 這樣的仇視？因此勞慮奔走？為什麼？

一、我曾「毀壞」過他的名譽。

二、我曾「擠」他出清華。

三、我曾輕視過莊、錢、王等。態度冷傲！

四、我的學問實在淺薄，不足服人。

……

反對的雖然是少數，過處總在我！

在我不是完全不能與他們合作。在他們對我的成見很深。這樣成見也不是無法解除。

現在最要的還是我個人認為最重要的工作是什麼。

他人如何想，如何對待，還是其次。若是有可批評的點，自然應當受人批評。並且應當歡迎人批評。「聞過則喜」就是這個意思。

若是因為私仇而來攻擊，我有什麼怕的？

……

梁先生，我自然歡迎。H. H. 推荐以後，為的是留進言的機會。梁來後是否聽我的建議那是另一問題了。

……

山，助我遠望！山，助我靜觀！

……

晚。

學生溫來談。他說今天下午有教職員茶會，請校長出席。一定又是張的鼓動。

並且聽說，如果在曹走之前不能得相當繼任的人，由教授裡推出一個校務維持委員會對內外負責。不要代理校長。這真是想盡方法仇視我個人！這又何必？難說怕我到這個地步？難說我的罪惡不可要到這個地步？難

說我會這模樣危險？

想來好笑。我完全不動心！看他們活動到什麼田地。

……

王士達來說內部繼續不易！他倒有意勸我，非到義不容辭的時候還是不幹為妙。

將來必定到得罪一部人的結果。

不作事則已；想作事，必至與某幾位地盤有關。一部分利害的攻擊是一定有的。

並且外交部的領款就會常發生問題！

「四凶」也都不是好鬥的！動他們的地盤，你看他們會不會和你拚命！

真是「犯不著」！行政我不作，餘暇自己用功夫。

我只任舊制教務，再教名學或戲劇。

或主張選派出洋與清華大學分離。我管舊制及選派出洋事。

或完全離開此地另尋別的生活。

無論如何，我守我自己的成功標準：識見高遠，步驟精審，存心為公。

12月15日

現在我有真同我對敵的人，清楚地反我個人。

新生裡又有人提倡恢復舊制，要求出洋利益。張之弟也是新生之一。

推倒我之後，他們就可以實行合併新舊制。

新生一定非常歡迎！最好的學生也很容易被引誘！

特別出洋利益又可把持在少數人手裡！

若是那樣，我這兩年半的成績就給完全抹煞了！

我為全國青年爭，然而有誰知情？

政府的大權已落在少數為自己打算的人的手裡。所以什麼地方有利，自然什麼地方就有爭。各學校都是如此，清華一定更厲害，因為此地的利益比什麼地方都大！

誰是主持公道的？

應早產出正式新董事會。我走正路。

學校裡自私自利的人可以隨意去鼓動！誰來管？

新董事會必須有膽量，有見解的！

若是沒有一個較高而公正的主權機關，清華的前途不是很可樂觀的！

……

我個人錢和位都不要。然而如有人來攻正道，我必出頭保衛正道！

能把清華改入正軌──那才是真成績！

董事會改組，大學與出洋分。（兩個執行人都在一董事會下。）

如果能作到這一步，那才真給清華打至少十年發展的基礎！

要我犧牲，我一定可以犧牲！我所要的是主張的實現。

校長請誰都可。辦理選派出洋幹事長也是誰作都可。制度必須改善。

……

一生的成敗只看曾改善過多少制度嗎？

制度的改善是應當的。然有時因惡勢力的環境改善不能成功。那就算一生失敗嗎？

不然！

能影響少數個人向正道去走──那也是成功！

在亂世能得英才而教育之也就是很大的一樂了！

預備「不得志獨行其道」！

12月16日

看 E. F 末章。「安息中的生長」。

前兩天已經過於注意校長事了！

昨天同余談。他說校內人一定不成。這是明白地反對我。並且他報告反面的話多。（大學生特別反對。）

我不免有願意他有援助的表示。所以聽後稍寒心！

……

決定：

不再同人談校長問題！

完全取遠望靜觀態度。

從此後，自己作久遠計畫。注意教育的真目的。

12月17日

昨天進城訪志摩。

買一個手表。到家後才注意背面蓋兒沒有關好。我於是用力一關，倒把正面玻璃擠破了！並且解下來看時又注意那很好看的灰色皮帶原來是紙作的！

新買到手的時候很高興！小心那背面的蓋兒！也要

小心那外表很好看的假皮帶！

……

　　這是很好的教訓。

　　若是正式要我繼任時，我必須小心校長背面的董事會、外交部及教職員學生的後援是否可靠！還須小心不要被外表好看的虛榮給騙了！

　　真應當冷靜！

12 月 18 日

　　「欲速則不達。見小利則大事不成。」

　　一有自信不足的野心，早晚必有痛悔的失敗！

　　只要自信足，失敗也不怕。

　　國文不通！西洋學問沒有特長，並沒有發表的便利。辦事方面不免剛僻！因此使人生畏！

　　見到如此清楚，就應早聲明；而為學校求得最相當的人選。

　　打定主意──曹去至多允代理，然後訪賢自代。

　　梁我想一定不成。

……

　　還是先教書！不作行政事。

12 月 20 日

　　睡的不好。精神頹喪！

　　清華將來一定落在新起畢業生之手。

　　莊、張、錢、李、陳、朱、葉、吳、蔡、朱、趙等──這都不過是先鋒，大隊在後面！學校發展必須加

入。加進的十之八九是清華新畢業生。所謂新畢業生的，就是曾受過清華園毒環境在三年以至八年之久的！

……

這樣惡「輪迴」是全國最大的禍！

現在覺悟的只是很少數人！並且不大透徹！

享受特別安逸的人日久必耗盡他們的雄心和勇力！

八年清華園，五年美國──回國來還想望著清華園！這個人怕是陰謀有餘，而真膽量就有限了！

根本解決：一方面停止舊利益；一方面學校生活如何增加與平民接觸的機會，待遇過豐的應與一般受苦的人民分享一點！

別處都亂，只有此地享安樂，恐怕是天人都不容的！

……

莊、張反對我，這是小問題。學問德量本來不足服人！除去個人，學校如何前進？

就任著一般畢業生把持去麼？

不然，有什麼抵抗的方法？

他們連董事會的改組都不贊成！

校內非清華的人很沒有團結，也沒有人才。舊人如：梅、虞、楊、徐、何、李、王、余、梁等實在多數不夠辦大學的。並且他們也並不一致贊成我的主張。

我的地位實在孤單！論理想，新舊兩面都不願意減少利益。論「政治的」援助，兩面也不幫忙！

……

我自己唱些高調而已！有幾個學生被我的空談說

動！別人已另有打算！

不要自欺了！

12 月 21 日

看本冊日記。

上星期山的教訓：助人遠望！助人靜觀！

……

漸漸有醒來的覺悟！

局勢於我不利。

並且得到手也只是虛榮。難辦成功。又減少讀書和自由動轉的機會。

……

我的問題：求得「中國的」真意義。作一個現代急需的中國代表人。

降低了說，我應有發表工具的便利；應多與人民接觸，應從自己生活上改善。

誠實地去作君子。

12 月 22 日

冬至放假。

周支山約我合編一部中國戲劇的書。他要我擬目錄，而後他去搜集材料。

他對於皮黃很有研究，並能唱。

書的範圍注重活材料——從現在還唱戲的人的經驗裡可得的材料。

中國戲有沒有將來？以往社會心理對於它如何？將

來又如何？真想改進中國戲應取如何步驟？以先什麼是大家共認為戲的美？美的標準近來向那方改變？

12 月 23 日

昨天得 *Since Lenin Died*。看時想到 Trotsky 為何不能得人望。別人的媢妒自然有，而他個人的冷傲也是主因之一！

他的文學才和組織的魄力可以說是他冷傲的根據。還有那本無才的人為什麼也冷傲？將來如何會不敗？……

師大驅鮑、查。

驅查理由中有文字不通、把持校務二項，這也可用為驅我的理由！

政治作用一定不免──如北大國文系之利用「新聞政策」，如京報、世界日報等。然而個人也要量力！

我在預備期。有弱點，快快補救。在有可攻點未防備妥當之前，千萬不要出而應敵！

12 月 24 日

看 *Since Lenin Died*。

現在教書，眼光小如豆！

安逸的生活還說得起什麼革命！

求地位就是貪多安逸！就是自殺！

12 月 25 日

近來謠傳有燒清華園之說。

校內有警備委員會之設。昨晚巡視輪班十一至早三點。

為什麼有人攻擊？清華在社會裡的地位還沒尋著。如何可以減少別人對于清華的媢妒？

夜靜時想到新大學的試驗漸漸又入舊轍了！專門科又完全回到四年學分制去了！

此地試驗不成功；南開也沒有試驗的可能！若是想在教育上有創造的成績，必須另尋機會。

12 月 27 日

今天看一天書。多日沒有專心讀書了。

共產主義快到臨頭，必須研究它了。

專看俄國革命書。

12 月 28 日

曹昨天說顏不能即赴英，曹須先行。

校長繼任問題，他想先在外面尋。到實在沒有人的時候，叫我來暫時代理。

他說反對的約分兩類：（一）怕失地位；（二）媢嫉。對于第一類，緩動足以安之。對于第二類，自己不拿校長薪——多作事少拿錢！

學生中也因為自私而起爭端。舊生贊成我，因為怕改變政策他們失去出洋的機會！新生希望一個外面的人來長校，或者他們也可以得出洋；至少舊制裡寫過志願書的可以停止他們出洋。

教職放縱慣了很難收拾。並且爭錢爭權的風很盛。

新舊生之間又有出洋之爭。這種狀況之下，校長是最難
作的！

⋯⋯

自己應有自知之明。

能力足以勝任麼？

一、國文不應用。

二、無堅持到底的主張，終身志願是什麼？

三、不耐煩。

四、少交際——冷傲。

⋯⋯

要千萬小心，不要作貪權位念頭的奴隸！

12 月 29 日

想明天進城同顧林談董事會改組建議。

今天分析清華問題的根本解決法。有了董事會之
後，校內可以減少那幾樣難點？

大學前進方針，同人意見難趨一致。如吳要請柳一
類的問題將來一定很多。我沒有這樣耐煩！

行政免不了敷衍，根本研究的工夫就很少了。

⋯⋯

工具遠不夠大有為的。

現在求深造還忙不過來，那有工夫去和一般無聊的
人去敷衍！

我最喜作的是徹底的思想。非尋到「獨到」的見
解，不能安心。

12 月 30 日

今天進城。訪顧、林。

有機會想到南苑去看傷兵。

12 月 31 日

中國人為什麼不能相信？

只要我不亡，我國不亡我族不亡！

存心為公，相信同人也為公。

董事會改組是正途。自己的去留是另一問題。「獨到」的貢獻是什麼？

按步作去，不用時常問。弱者才多躊躇！

民國日記 31
張彭春清華日記（1925）
The Tsing Hua Diaries of Chang Peng-chun,
1925

原　　著　張彭春
總 編 輯　陳新林、呂芳上
執行編輯　李佳若
封面設計　陳新林
排　　版　溫心忻、盤惠秦

出 版 者　 開源書局出版有限公司
　　　　　香港金鐘夏慤道 18 號海富中心
　　　　　1 座 26 樓 06 室
　　　　　TEL：+852-35860995

　　　　　民國歷史文化學社有限公司
　　　　　10646 台北市大安區羅斯福路三段
　　　　　37 號 7 樓之 1
　　　　　TEL：+886-2-2369-6912
　　　　　FAX：+886-2-2369-6990

銷 售 處　源流成文化 股份有限公司
　　　　　10646 台北市大安區羅斯福路三段
　　　　　37 號 7 樓之 1
　　　　　TEL：+886-2-2369-6912
　　　　　FAX：+886-2-2369-6990

初版一刷　2020 年 3 月 31 日
定　　價　新台幣 350 元
　　　　　港　幣　90 元
　　　　　美　元　13 元
I S B N　978-988-8637-60-7
印　　刷　長達印刷有限公司
　　　　　台北市西園路二段 50 巷 4 弄 21 號
　　　　　TEL：+886-2-2304-0488